W0313714

BEST SEX

Tracey Cox

BEST SEX

•MARABOUT•

© 2002 by Tracey Cox
Published by arrangement with Random House Australia.
Titre original : *A Bit on the Side, the Hot Sex Handbook.*

© Marabout Hachette-Livre 2003 pour la traduction française.
Traduction : Frédérique Corre.

Toute reproduction d'un extrait quelconque de ce livre par quelque procédé que ce soit, et notamment par photocopie ou microfilm, est interdite sans autorisation écrite de l'éditeur.

À propos de l'auteur

Tracey Cox est sexologue, conseillère conjugale, auteur et animatrice télé. Son premier livre, *Hot Sex,* a battu des records de vente dans le monde entier. Coquin, franc et amusant, il est vendu dans plus de quarante pays où Tracey s'est taillé une réputation de « sexpert ». Son deuxième livre, *Hot Relationships : How to Have One,* a aussi remporté un énorme succès et est édité dans plus de trente pays. Elle est désormais considérée comme l'une des plus grandes spécialistes des relations amoureuses et du langage corporel. Alors, si vous avez des problèmes ou des questions sur votre vie sexuelle ou amoureuse, suivez ses conseils !

Dans ses rares moments de liberté, elle a animé une émission de radio à Sydney avant de revenir s'installer en Angleterre où elle est fréquemment invitée sur les plateaux de télé. Ancienne directrice adjointe du *Cosmopolitan* australien, Tracey collabore aussi à de nombreux magazines féminins. Elle est régulièrement interviewée ou citée dans la presse internationale en tant qu'experte en relations humaines et en sexologie et prodigue ses conseils en ligne sur handbag.com.

À ceux qui ont déjà lu ***Hot Sex***
mais qui en veulent encore plus

Sommaire

Introduction

Tout le monde – ou presque – parle de sexe. On aime vanter les performances de son (sa) petit(e) ami(e). Et nos collègues sourient d'un air entendu lorsqu'on arrive fatigué(e) au boulot. Mais il est rare d'en parler en détail. Notre meilleure copine peut toujours déclarer que son amant lui a fait le meilleur cunni de sa vie, il y a fort à parier qu'elle ne se lancera pas dans une explication détaillée... et heureusement !

Alors, on se rabat sur des ouvrages spécialisés pour y trouver les explications qu'on n'ose pas demander à nos ami(e)s ou partenaire(s). Le problème, c'est qu'on y trouve rarement ce qu'on y cherche. En général, ces livres se contentent de dresser une liste de généralités du genre : « Les femmes ont besoin d'une stimulation clitoridienne » ou « les fesses des hommes sont très érogènes ». Tout ça, c'est très bien, mais sans mode d'emploi, ça ne sert à rien.

Voilà en quoi *Best Sex* est différent. Au lieu de supposer que vous savez tout, je suis partie du principe que vous ne saviez rien et je vous livre tout dans les moindres détails avec, bien sûr, la marche à suivre.

Cela dit, cet ouvrage n'aborde pas uniquement le b.a.ba des relations sexuelles. Même les « docteurs ès sexe » y trouveront leur compte car *Best Sex* contient assez de techniques et de variantes pour satisfaire le don juan (ou la geisha) le (la) plus blasé(e). Je vous conseille pourtant à tous de ne pas faire l'impasse sur ce qui semble être de grands classiques. Ce sont en effet souvent ceux qui croient tout savoir qui ont le plus besoin de cours de rattrapage. C'est un peu comme la machine à écrire. Ceux qui ne savent taper qu'avec deux doigts n'auront jamais le niveau de ceux qui ont suivi des cours de dactylo et s'exercent tous les soirs. Revenir aux bases, même si c'est juste pour vérifier qu'on est sur la bonne voie, ne peut pas faire de mal. Les techniques sexuelles s'apprennent, et on peut tous faire des progrès. N'écoutez pas ceux qui soutiennent le contraire !

J'ai tenu à employer, dans ce livre, un langage simple, loin de tout jargon médical. Les termes scientifiques sonnent bien, impressionnent, mais j'ai préféré appeler un chat un chat, parce que ce qui est important, c'est que vous soyez à l'aise à la lecture de ce livre, qui a été écrit pour vous.

J'ai parfois généralisé, pas trop souvent je l'espère. Si vous tombez sur ce qui vous paraît être une contrevérité, ne m'en veuillez pas. Si j'avais voulu être exhaustive et recenser toutes les préférences individuelles, les résultats d'étude, les exceptions et les extrêmes, je serais encore coincée devant mon ordinateur !

J'espère que vous allez aimer ce livre autant que j'ai aimé l'écrire. Et maintenant... en piste !

1

Petits exercices d'échauffement

Tout le monde est capable de faire des étincelles au lit. La taille du sexe ne compte pas. L'apparence non plus. Pas besoin d'avoir les jambes d'Adriana ou les muscles de Schwarzie et de posséder ou de vous faire balader en voiture de sport pour être une bête de sexe. En revanche, il faut bien connaître et bien maîtriser le sujet. Ceux qui prétendent le contraire se trompent. On peut tous s'améliorer, alors pourquoi ne pas s'y mettre dès les préliminaires ?

Il faut en moyenne deux à trois minutes pour un homme pour atteindre l'orgasme lorsqu'il est directement stimulé par sa partenaire. Pour une femme, il faut compter entre vingt et trente minutes. Pas besoin d'être Einstein pour comprendre que plus vous consacrerez de temps aux préliminaires, plus vous devrez acheter de recharges pour votre carnet d'adresses. Les préliminaires ne sont pas une spécificité féminine. Même les hommes qui ont des érections quasi automatiques avouent que de délicieux et lents préliminaires accroissent considérablement les sensations. Vous voulez en savoir plus ? J'en étais sûre ! Voici donc quelques conseils pour devenir un maestro des préliminaires.

Pourquoi vous devriez vous masturber l'un devant l'autre

Personne ne sait lire les pensées. Alors, laissez tomber le « S'il (elle) m'aime vraiment, il (elle) devrait savoir ce qui m'excite ». Le langage du corps peut faire des miracles, et discuter entre vous est essentiel, mais, comme on le dit souvent, rien ne vaut une bonne démonstration. En regardant l'autre se masturber, vous apprendrez les techniques qu'il (elle) apprécie et utilise le plus souvent, vous verrez comment il (elle) continue ou non la stimulation pendant l'orgasme et ce qu'il (elle) fait de l'autre main. Ensuite, il n'y aura plus qu'à copier !

> ! *80 % des femmes se masturbent. Les hommes, quant à eux, pratiquent la masturbation à 94 %, et deux fois plus souvent que les femmes. 72 % des hommes continuent à se masturber après le mariage et 68 % des femmes mariées aussi.*

Généralement, les hommes ont moins de difficultés à se masturber devant leur partenaire. Si votre petite amie est du genre « prête à tout », vous masturber devant elle vous aidera à mieux vous contrôler pendant les préliminaires. Je parie qu'elle restera assise à vous contempler : cela *fascine* en effet beaucoup de femmes.

Si elle vous ignore, dites-lui : « J'avais envie de me masturber devant toi. J'adore. » Si elle n'a toujours pas l'air de comprendre, ajoutez : « C'est comme ça que je fais quand tu n'es pas là. Regarde. » Si vous voulez lui apprendre la technique, placez sa main sur la vôtre pour qu'elle sente le rythme et la pression qui vous conviennent. Demandez-lui de le faire à votre place et encouragez-la : « Super ! Tu le fais encore mieux que moi ! » Si vous êtes une femme du genre libérée, initiez votre amant de la même façon.

Vous et votre partenaire êtes un peu timides ? Avant de passer à l'action, parlez-en. Dites que vous avez vu une émission / que quelqu'un vous a dit / que vous avez lu un article sur la masturbation et ses bienfaits sur la vie sexuelle. Proposez-lui de vous masturber devant elle (lui) la prochaine fois que vous ferez l'amour. Et tant pis si le jour J, vous êtes un peu trop sérieux(se) et trop appliqué(e). Commencez par lui montrer une de vos techniques préférées (allez ! C'est juste un effort d'une ou deux secondes) et incitez-la (le) à vous imiter. Plus tard, quand vous serez plus à l'aise, vous serez plus confiant(e) et plus détendu(e) pour aller jusqu'à l'orgasme. Se masturber devant quelqu'un ou regarder quelqu'un se masturber est un fantasme masculin courant et est en train de devenir l'un des préférés des femmes libérées.

Détours délicieux

« Le bonheur n'est pas une destination, c'est un voyage. » Ce vieil adage peut s'appliquer aux préludes érotiques. Si vous précipitez le « voyage », vous vous apercevrez sans doute que la destination est loin d'être aussi excitante que vous l'espériez. Si vous prenez la peine d'explorer *tout le corps*, gageons que les préliminaires seront longs.

Les zones érogènes sont les parties du corps qui, lorsqu'elles sont stimulées, provoquent une excitation sexuelle intense. Hormis les célébrissimes comme le pénis et le clitoris, nous avons tous un « jardin secret », des zones particulières qui envoient des messages frénétiques quand on les stimule. Certains raffolent des morsures au creux de la nuque. D'autres grimpent aux rideaux quand on leur caresse les fesses. Mais attention, ce qui fonctionne avec l'un(e) ne marche pas forcément avec l'autre. Considérez chaque nouveau partenaire comme un territoire vierge ! Il y a peu d'endroits qui ne supportent pas d'être touchés alors, pourquoi se focaliser sur les seins et le sexe, quand tout le corps réclame des caresses ?

• **Explorez son corps.** Quand vous arrivez dans une nouvelle ville, vous faites un tour pour repérer les lieux, non ? Alors pourquoi ne pas en faire autant avec votre nouveau partenaire ? Vous pouvez vous en donner à cœur joie, en vous aidant, pourquoi pas, de divers accessoires. Demandez-lui de s'allonger, nu(e), sur le ventre et de fermer les yeux (de préférence dans un environnement intime et chaud) puis faites glisser un foulard sur son dos et ses fesses, avec une lenteur désespérante. Ensuite, retournez-le (la) et promenez une plume autour de son sexe ou de son scrotum. Continuez avec vos mains, vos cheveux, vos seins ou votre bouche, en vous concentrant sur ses mamelons et organes génitaux, afin de créer des sensations diverses à mesure que vous recherchez ses zones les plus sensibles.

• **Caressez son visage**, sa nuque, son dos. Jouez avec ses cheveux, caressez-les, glissez les paumes de vos mains le long de ses bras et cela, pendant que vous regardez la télévision, sans vous donner la peine d'aller dans la chambre.

• **Massez ses pieds**, embrassez ses orteils, caressez ses mains, sucez ses doigts un par un comme si c'était son pénis.

• **Ne foncez pas directement sur son sexe pendant les préliminaires**. Caressez-lui longuement et sensuellement l'intérieur des cuisses jusqu'à ce qu'il (elle) tremble de désir.

• **Sus aux fesses.** Les fesses sont une zone très érogène, chez l'homme comme chez la femme. Pétrissez-les, caressez-les, tapotez-les doucement ! Ne négligez pas le périnée (la zone située entre le sexe et l'anus). Pressez-le fermement et massez-le avec deux doigts, en le caressant sur toute la longueur. Faites de même avec la langue.

• **Caressez-lui l'extérieur des lèvres**, puis insérez un doigt dans sa bouche pour qu'il (elle) le suce. Faites de même avec vos seins ou vous, monsieur, avec votre pénis.

• **Mordillez-lui le cou.** À moins d'être anormalement chatouilleux ou carrément coincé, tout le monde aime se faire embrasser ou mordiller dans le cou. C'est une zone trop souvent négligée, qui donne pourtant des résultats étonnants.

• **Sucez-lui les orteils**, glissez votre langue dans son nombril (après la douche si vous avez la phobie des résidus de crasse). Bref, amusez-vous ! Peu importe s'il (elle) rit au lieu de gémir d'extase. Il (elle) sera quand même flatté(e) que vous le (la) trouviez sexy de la tête aux pieds.

• **Embrassez-le (la) partout**, et pas seulement sur la bouche et le sexe.

• **Massez-le (la) avec le corps.** Allongez-vous sur son dos ou son ventre, pivotez lentement et jouissez de la sensation du contact de votre peau sur sa peau.

Un soir, dans un bar, une fille m'a regardé droit dans les yeux et m'a dit : « J'ai envie de toi. » Ça ne faisait pas cinq minutes qu'on s'était rencontrés. Il était neuf heures du soir et on n'a couché ensemble qu'au petit matin. Mais pendant tout ce temps, j'étais super-excité. C'est ce que j'appelle de bons préliminaires.

Simon, vingt-neuf ans, commercial

Et puis, madame...

• **Attachez-le.** On a tous vu ça dans les films. Inutile de faire une descente dans un sex-shop pour acheter un harnais en cuir (à moins que vous n'y teniez, bien sûr !), ni de faire claquer un fouet pour jouer la dominatrice. Par contre, il vous faut *absolument* une tête de lit (ou une chaise), quelques foulards (de vieux bas ou des cravates feront l'affaire), assortis d'un mauvais sourire. Une fois qu'il est confortablement ligoté (veillez à ne pas lui couper la circulation pour ne pas empêcher l'érection et surtout ne pas gêner le travail du cœur), testez divers scénarios érotiques. Par exemple...

• **Masturbez-vous devant lui.** Vous regarder vous donner du plaisir l'excitera à mort ! L'effet sera encore plus spectaculaire si vous le faites bruyamment avec moult effets tandis qu'il reste attaché et totalement impuissant. Si vous voulez l'exciter encore plus, laissez-le ligoté et puis...

• **Bandez-lui les yeux.** Un simple foulard en mousseline transparente peut multiplier par dix la tension sexuelle. Cela vous désinhibera aussi complètement pour la bonne raison qu'il ne pourra pas vous voir. Nouez-lui le foulard sur les yeux, puis, après l'avoir fait attendre quelques secondes, caressez-le aux endroits qu'il préfère et à d'autres, auxquels il ne s'attend pas. Cela déchaînera son imagination. Il vous imaginera en servante, en esclave provocante... Vous voyez ce que je veux dire ?

• **Déshabillez-vous l'un l'autre.** Ne vous contentez pas de balancer vos vêtements dans un coin et de sauter dans le lit, nus comme des vers. Laissez-le (la) vous dévêtir, et vice versa. Arrêtez-vous de temps en temps pour lécher ou caresser la partie de son corps que vous venez de dévoiler.

• **Jouez à la vamp.** Vous réserviez vos longs gants noirs pour les grandes occasions ? C'est le moment de les sortir ! Enfilez-les soigneusement et masturbez-le (oui, ça part au lavage !).

• **Je me délecte, tu te délectes, nous nous délectons !** La crème fouettée, les bananes et autres fruits sont

! 30 % des femmes rêvent de se faire lécher de la crème fouettée, de la glace ou du chocolat à tartiner sur le corps.

délicieux en salade, mais pas seulement ! Allez en chercher à la cuisine ou, mieux encore, restez-y pour satisfaire vos deux appétits à la fois. Banqueter sur le corps de l'autre est aussi drôle que réjouissant et même si cela vous donne plus envie de ricaner bêtement qu'autre chose, ça vaut vraiment la peine d'essayer. Hormis les aliments épicés, on ne court aucun risque en disposant de la nourriture, quelle qu'elle soit, aux abords ou à l'intérieur des parties génitales. Pendant que vous y êtes, madame, prenez quelques glaçons dans le congélateur et glissez-les dans votre bouche avant de lui faire une fellation.

• **Lâchez-vous.** Une fois dans la chambre, oubliez vos bonnes manières. S'il rêve de vous voir habillée en soubrette, transformez-vous en soubrette. Il vous traite en objet sexuel... et alors, c'est le but, non ?

• **Donnez dans le cliché.** En général, les hommes adorent ça. Investissez dans des sous-vêtements noirs sexy. Après une sortie, déshabillez-vous pour révéler vos bas et porte-jarretelles (mieux encore, montrez-les-lui brièvement avant, bien avant de rentrer chez vous).

• **Agacez, chatouillez, titillez.** Effleurez sa bouche avec vos lèvres, sans le laisser vous embrasser. Prenez momentanément son pénis dans votre bouche puis remontez l'embrasser dans le cou. Asseyez-vous sur lui et laissez-le vous pénétrer un peu, avant de vous relever. Le but de la manœuvre est de l'exciter comme un dingue, sans trop le frustrer. Par contre, il faudra tôt ou tard abréger ses souffrances en orchestrant le bouquet final.

La première fois avec un(e) autre

Vous avez testé tous les restaurants de la ville, vous l'avez invité(e) chez vous et réciproquement, et voilà l'heure de vérité ! Ce qui explique pourquoi vous êtes enfermé(e) dans votre salle de bains en train de vous brosser frénétiquement les dents (depuis vingt minutes) pendant que votre promis(e) vous attend dans la chambre, un peu inquiet(e) sur l'état de vos gencives. « Ne sois pas ridicule », vous sermonnez-vous dans le miroir, « tu as déjà fait l'amour des centaines, peut-être même des milliers de fois. » « C'est vrai », répond une petite voix, « mais toujours avec le (la) même depuis plus de dix ans. »

Évidemment, cette toute première fois a quelque chose d'effrayant. Une part de vous meurt d'envie d'essayer (facile de deviner laquelle !), mais vous trouvez toutes les raisons du monde de rester célibataire jusqu'à la fin de vos jours et de ne jamais vous extirper de la salle de bains. Il va bien falloir vous lancer. D'ailleurs, les salles de bains ont rarement d'autres issues que la porte. Voici donc quelques recommandations qui vous aideront à passer cette « épreuve » !

• Ne paniquez pas, même si vous vous sentez aussi nerveux(se) qu'un(e) débutant(e). Même si d'une certaine façon vous allez reperdre votre virginité, cette fois-ci, ne faites pas l'erreur de croire que ça va être merveilleux. Vous avez passé les dernières semaines à

> **!** *D'après les psychologues, les femmes, à 20 ans, rêvent du prince charmant alors que les hommes ne pensent qu'à s'envoyer en l'air. Vers 30 ans, c'est le contraire. Les femmes sont sexuellement plus aventureuses tandis que les hommes sont plus sensibles. Un bon argument pour les femmes qui aiment les petits jeunes.*

fantasmer sur cet instant, lui (elle) aussi et il n'y a donc quasiment aucune chance que vous soyez à la hauteur.

• Avouez votre nervosité. Si vous êtes au bord de l'évanouissement parce qu'il (elle) va vous voir nu(e), gardez vos sous-vêtements et précipitez-vous sous la couette. Dites : « J'ai perdu l'habitude. J'ai l'impression d'avoir quinze ans. » Cela rassurera sans doute votre partenaire, qui ne doit pas en mener bien large non plus. Son problème : ne pas se comparer à votre ex, ce qui est assez difficile puisqu'il (elle) sait que l'autre avait des années de pratique de votre corps.

• Faites simple. Si vous êtes vraiment nerveux(se), ne cherchez pas midi à quatorze heures et faites l'amour simplement : quelques bisous, des préliminaires, et action ! Finissez-en avec votre « première fois » ; ensuite, vous serez moins tendu(e) et vous pourrez vous concentrer sur le corps de l'autre et vous explorer à loisir. Et croyez-moi, malgré des débuts brouillons, vous en aurez envie très vite !

• C'était raté ? Parlez-en et prenez-le avec humour. Dites : « C'était un désastre. On était trop nerveux !

Enfin, maintenant, on a tout le temps pour se découvrir physiquement. » Peu importe que vous ayez eu des petits problèmes techniques (mauvaise lubrification, érection molle ou éjaculation rapide), cela ne signifie absolument rien sur votre compatibilité au lit. Ni que vous auriez dû rester avec votre ex. C'est simplement que vous ne connaissez pas encore le corps de l'autre, ses désirs et ses besoins.

• Acceptez de vous sentir triste après cette première fois. Coucher avec quelqu'un d'autre, surtout pour une femme, marque souvent la fin de la relation précédente. Vous allez soudain vous dire : « C'est vraiment fini ! » Même si vous avez fêté le départ de votre ex à grandes rasades de champagne, ne soyez pas surpris(e) de vous sentir triste après l'amour. Écrasez une larme, pleurez comme une madeleine, mais ne laissez pas votre nouveau partenaire dans l'ignorance. Si vous vous ouvrez à lui (elle) et lui expliquez vos émotions, il (elle) comprendra. Une fin est toujours le début d'autre chose... souvent mieux.

Cher journal. Aujourd'hui, j'ai fait l'amour et c'était...

Emma

Emma a vingt-trois ans. Elle est célibataire et travaille dans les médias. Elle est bisexuelle, même si elle ne se considère pas comme telle. Elle dit être simplement « sans discrimination » dans le choix de ses partenaires sexuels. Elle a eu beaucoup d'amants, et plusieurs relations sérieuses.

Première semaine

Renaud est venu chez moi vendredi soir, on est sortis dîner et on a discuté jusqu'à tard dans la nuit. Quand on a fini par aller se coucher, il était déjà plus de deux heures du matin. Renaud est un très bon copain et un amant merveilleux, sensuel, érotique, expérimenté, drôle et cool. J'aime son intensité contrôlée. On a fait l'amour, et c'était bon, mais je n'ai pas joui. Comme il s'en était rendu compte, il a continué à me caresser jusqu'à ce que j'aie de nouveau envie. Puis, il m'a fait un cunni dans les règles de l'art et avec visiblement beaucoup de plaisir. Ça m'a encore plus excitée. Je lui ai ensuite mis un préservatif avec la bouche car je sais qu'il adore ça. Cette fois-ci, quand on a fait l'amour, on a eu un orgasme presque simultané. C'est étonnant. On s'est endormis et quand il est finalement parti, je lui ai demandé s'il n'avait rien « oublié » (il aime laisser une trace). Évidemment, il avait oublié un T-shirt dont j'ai humé l'odeur de sueur et d'eau de toilette avec délice. Je l'ai pris pour le mettre au linge sale, mais j'ai fini par le mettre sous mon oreiller et par dormir avec.

Un peu plus tard, je me suis masturbée en repensant à Renaud et au super cunni qu'il m'avait fait. J'ai bien sûr d'autres objets de fantasme, mais j'aime bien imaginer quelqu'un que je connais quand je sens le désir monter en moi. Ça rend la chose plus intime. Je me demande comment il réagirait s'il le savait. Ça lui ferait sans doute plaisir de savoir que je pense à lui.

Deuxième semaine

Je suis en déplacement pour le boulot et, à une réunion, j'ai rencontré Marc, un avocat sexy et intelligent. Le courant est aussitôt passé entre nous et, une chose en entraînant une autre, je me suis retrouvée chez lui, dans son lit (d'habitude, j'attends, mais là, je repars demain, et je ne pouvais pas résister !). Comme la plupart des hommes, il s'est un peu pressé et a eu la main un peu lourde au début, mais je suis arrivée à lui faire comprendre ce qui m'excitait et il s'en est plutôt bien tiré. On a fait l'amour (avec un préservatif pris dans son stock personnel). Ça a été sensuel, athlétique et coquin. À un moment donné, il m'a fait un super cunni qui m'a fait grimper aux rideaux. Plus tard, il m'a prise en levrette et quand il a joui (en hurlant : j'ai adoré son absence totale d'inhibition et son côté théâtral), j'étais tellement excitée qu'il a suffi que je me touche à peine trente secondes pour jouir aussi (pas aussi bruyamment, ce qui vaut peut-être mieux). On a somnolé, confortablement enlacés, son corps ferme contre le mien. À sept heures, ce qui est bien trop tôt, j'ai dû partir. Je l'ai laissé dormir, retourner dans l'anonymat. Je me suis habillée et j'ai filé en lui laissant juste mon numéro de téléphone et un baiser.

Aujourd'hui, Stéphane, mon ex, le grand amour de ma vie, me manque. De retour chez moi, je suis allée voir un film toute seule. Ça m'a encore plus démoralisée. Il me manque vraiment. Je rêve d'un amour fort. Je veux ressentir cela encore, intensément, faire l'amour avec quelqu'un que j'aime à en mourir. Quelqu'un dont je voudrais porter l'enfant. Quelqu'un qui me manquerait. Mon ami Maxime a appelé. Il est gentil et disponible, mais sans plus. Il est quand même adorable, et ça me ferait du bien de le voir. J'ai besoin qu'on me remonte le moral… et qu'on me fasse encore l'amour.

Troisième semaine

Au travail, j'ai reçu un gros bouquet de roses de la part de Marc. Je l'ai appelé pour le remercier et on a décidé de se voir lors de mon prochain passage dans sa ville. Il a une très belle voix au téléphone (il a un accent anglais, très, très sexy), mais je ne devrais pas me laisser distraire ainsi au boulot. J'ai hâte de le revoir.

J'ai passé les dernières vingt-quatre heures chez moi en rendez-vous galant ! Maxime est venu, on s'est fait un dîner italien, on a bu une bonne bouteille de vin rouge et on s'est regardé un film porno. C'était plutôt bien, mais j'ai décroché à la moitié quand Maxime a enlevé sa chemise. Tout ça pour attirer mon attention et le pire, c'est que ça a marché ! Il a un corps super. Avant, il avait des poils dans le dos et le torse blanc comme du mauvais poulet, ce qui n'était guère appétissant. Mais, maintenant, il se fait épiler et il fait de la muscu et des U.V. Il est plus jeune que moi, mais extrêmement séduisant et charmeur. Il est drôle, fin, manuel et très ordonné. Pas mal, non ? Je me suis donc (de nouveau) laissé guider, et avec plaisir. Avant, je n'aimais pas tellement me faire sodomiser mais en sentant ses doigts et sa langue dans mon anus, je me suis dit, pour la première fois, que j'aimerais bien ça. J'adore ce qu'il me fait. Renaud a laissé un message pendant que Maxime me faisait un cunni. C'était superexcitant d'entendre un mec dire qu'il avait envie de moi pendant qu'un autre m'expédiait au septième ciel. Maxime ne veut pas d'une relation stable. On est juste des copains qui couchent ensemble. Quand il s'est finalement rhabillé, c'était le lendemain soir. Hum !

Renaud a appelé, pour bavarder. On a pris rendez-vous pour la semaine prochaine, comme deux vieux amis. C'est le compagnon de sortie idéal. Il est poli, sociable, mignon et il porte de super-vêtements de créateurs. Peut-être qu'on finira ensemble au lit, peut-être pas. Et même si c'est le cas, on se contentera certainement d'un gros câlin avant de s'endormir l'un contre l'autre. En fait, on est plus amis qu'amants. On sait tous les deux qu'on n'est pas faits l'un pour l'autre, mais on s'aime beaucoup et j'espère qu'on restera copains toute notre vie. Si seulement il y avait plus d'hommes comme lui ! La plupart ne pensent qu'à posséder les femmes ou à les fuir.

Quatrième semaine

J'ai envie de faire l'amour, là, maintenant. C'est toujours comme ça à ce moment du mois. J'ai sorti mon fidèle vibromasseur, feuilleté quelques magazines porno et opté pour la quantité plutôt que la qualité. C'était marrant même si c'était un peu démoralisant. Au moins, ça m'a calmée, ça a boosté ma circulation sanguine et ça m'a donné du plaisir. En fait, on peut très bien se passer des hommes.

J'ai toujours couché avec des femmes et je n'arrive pas à comprendre pourquoi on devrait s'interdire la moitié de la population sous prétexte qu'elle est du même sexe. Alors, quand Natacha est venue dîner, qu'on a dansé en écoutant de la musique, qu'on a essayé des vêtements, ça m'a forcément excitée. À un moment donné, elle s'est mise à me caresser. C'était très sensuel, très agréable et en même temps, terriblement excitant. L'amour entre filles est un tel tabou que ça me donne encore plus envie de le transgresser. On s'est embrassées. Sa bouche était très douce. Si différente de celle d'un homme. Malgré notre désir, on y est allées lentement comme deux chats alanguis. J'ai adoré lui faire un cunni. C'était chaud et érotique. C'est un excellent moyen de comprendre ce que ressentent les hommes (pas évident de satisfaire une femme !). J'ai arrêté avant qu'elle ne jouisse et je l'ai laissée m'embrasser partout. On a fini les jambes enlacées et on a joui comme ça. C'était fou, merveilleux et le mieux, c'est que, une fois rhabillées, on a fini la soirée tranquillement, comme deux vieilles copines. Sans gêne, ni contrainte. J'aime les femmes. Elles ont un charme particulier mais je ne tombe pas amoureuse d'elles.

C'est le matin, et je suis en déplacement pour la semaine. Je suis chez Marc en train d'essayer d'écrire ce journal, mais il me cherche. Plus tard, peut-être... ou très bientôt. Il est très en forme. On était très excités suite aux différents coups de fil qu'on a échangés et on n'a pas arrêté de faire l'amour depuis mon arrivée. C'est bizarre, plus je fais l'amour, plus j'en ai besoin et moins je sélectionne mes partenaires.

Ma vie sexuelle est... excitante et satisfaisante, même si j'ai eu des déceptions comme tout le monde. Je sais que ce journal laisse croire que je m'éclate toujours au lit mais c'est parce que ça tombe à un moment fou et merveilleux de ma vie. Vous devez me trouver du genre facile vu le nombre de mes amants, mais ce n'est pourtant pas le cas. Je choisis mes partenaires très soigneusement car le sexe compte énormément pour moi. C'est l'une de mes priorités et j'y mets beaucoup d'énergie. Je suis en phase avec mon corps et ses besoins. Certaines de mes amies disent m'envier ma vie sexuelle, mais c'est accessible à tous à condition d'apprendre à se laisser aller, à décompresser et à écouter son corps. Elles ont l'air terriblement obsédées par ce que leurs amants vont penser d'elles si elles font ceci ou ça. Moi, je n'y pense pas. Tout ce que je veux, c'est m'éclater.

2

Oral de rattrapage

Si vous n'êtes pas doué(e) en sexe oral (ou, pire, si vous ne voulez pas vous donner la peine d'apprendre), renoncez sur-le-champ à devenir un docteur ès sexe. Rien ne peut plus satisfaire votre partenaire qu'une bonne fellation ou un cunnilingus hors pair. C'est l'un des actes préférés des hommes et des femmes. Si vous aimez qu'on vous dise : « J'adore faire l'amour avec toi », vous aurez un fan-club si vous devenez un(e) pro du sexe oral.

Guide en dix étapes pour lui faire la fellation la plus époustouflante de sa vie

Se faire faire une fellation figure en tête sur la liste des desiderata sexuels des hommes, et c'est précisément dans ce domaine que les femmes sont moins sûres d'elles. Je suis donc allée demander conseil à une spécialiste du genre. (Si vous avez quelque chose contre le fait de vous renseigner auprès de professionnelles du sexe, c'est à désespérer. Elles vivent du sexe et sont donc les mieux placées pour nous renseigner.) J'ai donc demandé à Olivia, une « fellatrice » de renom, de me révéler ses secrets les plus intimes sur la marche à suivre pour donner du plaisir à un homme. Grâce à elle, vous allez devenir une experte (même si, pour l'heure, vous êtes une novice angoissée) et les avoir tous à vos pieds. Voici les consignes d'Olivia, telles qu'elle me les a transmises.

1. Apprenez à aimer ça

Les femmes qui aiment le sexe sont douées pour ça. C'est aussi simple que ça ! Si l'idée de la fellation vous rebute, les meilleurs techniques du monde ne feront jamais de vous une grande fellatrice. En général, c'est l'odeur, la crainte d'avaler ou la peur de s'étouffer qui font peur, mais tout cela se règle facilement. Prenez une douche ensemble, s'il n'est pas d'une propreté scrupuleuse, et servez-vous du savon comme d'un lubrifiant pour le masturber (s'il n'est pas circoncis, tirez très doucement sur la peau pour laver en dessous). Quant aux risques d'étouffement, vous ne craignez rien si vous suivez mes conseils. De toute façon, rien ne vous oblige à avaler son sperme pour réussir dans votre entreprise.

La fellation est appréciée et demandée par presque tous les clients quelle que soit la spécialisation de la fille. Montrez à votre partenaire que vous aimez ça. Faites du bruit, soupirez d'aise, complimentez-le sur son pénis, et il sera à vous corps et âme ! Apprenez à connaître son sexe : examinez-le, parlez-en avec lui.

Soyez attentive au langage de son corps. Sachez interpréter ses humeurs et répondre à ses fantasmes les plus secrets.

2. Prenez votre temps

Les femmes ne sont pas les seules à aimer les préliminaires (même si tous les hommes n'en ont pas forcément conscience). En fait, votre bouche ne devrait pas approcher de son pénis tant qu'il n'est pas dur comme de la pierre. Dorlotez votre partenaire, massez-le, titillez-le de la tête aux pieds. Huilez votre corps et le sien et allongez-vous au-dessus de lui en vous soutenant des deux mains. Descendez lentement sur lui et glissez de haut en bas, en faisant pivoter votre bassin contre son corps pour qu'il sente à quel point vous êtes excitée. Pointez les fesses en l'air (surtout s'il y a un miroir derrière). Si vous avez les cheveux longs, profitez-en. Penchez la tête vers l'avant et caressez-lui le corps avec votre chevelure. Mordillez-lui les mamelons et agacez-le en effleurant son pénis avec votre sexe (sans le laisser vous pénétrer). Placez son sexe entre vos seins puis faites-les rouler, pétrissez-les avec vos mains. Descendez le long de son corps en le caressant, le léchant, le mordillant, tout en lui décrivant avec force détails ce que vous avez l'intention de lui faire. Interrogez-le sur ce qu'il ressent. Demandez-lui ce qu'il attend de vous.

3. Improvisez et stimulez tous ses sens

Ne faites pas ça dans la même position chaque fois. Les hommes adorent la fellation, en toute circonstance, mais ils adorent aussi le changement. Alors,

La plupart des filles se contentent de lécher le pénis comme une sucette. Personnellement, ça ne me fait pas grand-chose. En plus, elles font souvent la grimace, comme si c'était dégoûtant. En général, elles se sentent contraintes de le faire. C'est pour ça que, quand je tombe sur une fille qui aime vraiment ça, je prends mon pied.
Daniel, vingt-huit ans, prof de gym

variez les plaisirs : lui debout et vous agenouillée ou accroupie ou alors contre un mur. Pensez aussi au 69, à le lui faire dans une voiture, un jardin public ou en rentrant du restaurant. Le changement de décor procure une stimulation psychologique. Peu importe ce que vous portez, même si beaucoup d'hommes préfèrent que leur partenaire soit complètement nue et eux, habillés, avec juste la braguette ouverte. Pensez aussi à faire le contraire, lui nu comme un ver et vous entièrement habillée. Assurez-vous qu'il peut regarder. Les hommes sont des voyeurs. Ils adorent être excités visuellement. C'est pour ça qu'ils aiment tant les magazines porno. Il voudra voir votre visage (il se peut même qu'il vous tienne les cheveux en arrière) : ne fermez surtout pas les yeux. Fixez-le d'un air langoureux et brûlant, en plissant les yeux d'un air coquin. Si cela vous gêne, regardez son sexe.

4. Ne vous concentrez pas seulement sur son pénis

L'anus, le périnée, les testicules sont autant de zones érogènes auxquelles il faut prêter attention avant et pendant la fellation. Demandez-lui de s'allonger sur le dos. Léchez et caressez-lui le périnée, situé entre l'anus et les bourses. Massez-le en exerçant une légère pression. Pliez-lui les jambes et léchez-le de la base de l'anus au scrotum. Prenez délicatement ses testicules dans votre main, léchez-les, prenez-en un, ou les deux, dans votre bouche. Massez la zone située à la base de son sexe en tenant son pénis de l'autre main.

! *Est-ce que ça fait grossir ? Une éjaculation moyenne contient environ 36 kCal alors qu'une heure de sexe en consomme 150.*

5. *Commencez à le masturber avec vos mains*

Utilisez toujours vos deux mains pendant la fellation : une pour l'exciter partout (mamelons, testicules, anus), l'autre pour vous guider. De cette manière, vous aurez plus de contrôle et ne risquerez pas de vous étouffer. Je garde généralement une main à la base du pénis, afin de déterminer moi-même à quelle profondeur je le prends dans ma bouche. Beaucoup d'hommes aiment poser leurs mains sur la tête de leur partenaire. Demandez-lui de les retirer s'il vous force à aller plus que loin que vous ne le voulez. La fellation jusqu'à la garde n'est qu'un concept. Si vous y parvenez, tant mieux ! Si vous ne pouvez pas ou ne voulez pas le faire, rassurez-vous : ce n'est pas forcément plus agréable. C'est juste qu'il a vu ça dans un film porno. Les sensations sont généralement plus fortes au niveau du gland, et non à la base de la verge. Si vous êtes vraiment terrifiée à l'idée de vous étouffer, placez son sexe sur le côté de la bouche plutôt qu'au milieu.

6. Prenez son sexe en main, mais maniez-le avec précaution

Certaines femmes sont trop brutales. Le meilleur moyen de savoir comment vous y prendre, c'est de lui demander de se masturber devant vous et d'imiter sa technique. Ne tirez pas sur son prépuce s'il n'est pas circoncis. Saisissez fermement son pénis et commencez par le taquiner. Pointez votre jolie petite langue et léchez-le d'un air gourmand avec de longs mouvements comme s'il s'agissait d'une sucette, en remontant sur le côté et autour du gland. Couvrez vos dents avec vos lèvres (tout du long !) et pincez-le (comme si vous le mordiez, mais sans les dents) sur toute la longueur du sexe. Utilisez beaucoup de salive : plus il sera lubrifié, plus ce sera agréable pour lui. Enfin, prenez son sexe dans votre bouche, en tournant votre langue autour de son gland, puis retirez-vous en poussant un grand soupir de satisfaction.

7. Tout est dans la technique

La méthode de base consiste à faire glisser votre main le long de son pénis (en la refermant quand vous approchez du gland et en l'ouvrant légèrement à la descente) tandis qu'il effectue des va-et-vient dans votre bouche. En recouvrant vos dents de vos lèvres, refermez la bouche autour de son sexe et encerclez-le de manière à imprimer une pression ferme mais agréable. Il s'agit moins de sucer que de comprimer le pénis. Exercez-vous avec un index, en vous imaginant que c'est son sexe. Quelles sont les sensations qui vous semblent le plus agréables ? Imaginez ce qu'il ressent lorsqu'il est en vous et efforcez-vous de reproduire la même sensation. Une fois que vous serez sûre de vous, passez à la phase « torsion-tournoiement » : tournez légèrement la main tandis qu'elle monte et descend le long de son pénis, tout en faisant tournoyer votre langue autour de son gland en accordant une attention particulière au frein (le petit repli cutané qui sépare le gland du reste du pénis). Raidissez la langue et faites-la vibrer. Enroulez-la autour du gland et de la base du pénis – plus elle bouge pendant qu'il est dans votre bouche, mieux c'est ! Comme pour nous, les femmes, la régularité du mouvement est importante. Commencez avec une lenteur quasi insupportable, puis augmentez la pression et la cadence, à mesure qu'il approche de l'orgasme.

8. *Taquinez-le sans merci*

Amenez-le au bord de l'orgasme (avec de l'expérience, vous apprendrez à reconnaître le moment) afin qu'il ressente plusieurs fois cette fabuleuse vague préorgasmique, puis retirez-vous et portez votre attention sur ses testicules, son périnée et son anus, avant de reprendre la fellation. Soyez inventive, variez les caresses : des longues sur tout le pénis, que vous prendrez ensuite dans votre

> **!** *Si son sperme a mauvais goût, c'est peut-être à cause de son alimentation. Ce qu'il mange et boit, même des heures avant de faire l'amour, a une incidence indéniable. Pour adoucir son goût, servez-lui des pâtes ou des pommes de terre et, pour le corser, gavez-le de curry arrosé de bière et de café.*

QUELQUES ASTUCES

• **Buvez quelque chose de chaud avant.** Il n'y a rien de plus fabuleux que la sensation d'une bouche chaude autour d'un pénis ! Pour rendre la chose plus rigolote, enduisez-le de miel ou de crème que vous lécherez par la suite.

• **Jouez à fond le fantasme de domination.** Le pouvoir ou l'asservissement total est un fantasme courant chez l'homme. Laissez-le prendre la situation en main et mettez-vous à genoux devant lui ou alors prenez le contrôle et faites-lui savoir qui commande !

• **Brossez-vous la langue** chaque fois que vous vous lavez les dents. Une jolie langue rose est très excitante.

• **S'il se ramollit, ralentissez.** Demandez-lui ce qui se passe. Il est peut-être stressé ou fatigué, il n'arrive pas à se concentrer ou bien vous ne vous y prenez pas comme il faut. Si vous exercez une trop grande pression (en le serrant trop fort dans votre main ou en le suçant trop énergiquement), il risque de perdre tous ses moyens. Gardez à l'esprit que chaque homme a ses préférences en matière d'excitation et de technique. Parlez avec lui et recommencez, en ralentissant la cadence.

• **Pour qu'il jouisse vite,** insérez un doigt dans son anus ou pressez fermement son périnée avec votre pouce. A priori, plus vous le stimulerez, plus il atteindra rapidement l'orgasme.

• **Ce qui compte, c'est ce que vous faites avant** que votre bouche ne touche son pénis. Plus vous multiplierez les préludes et les taquineries, plus il sera sensible. Il profitera ainsi pleinement de chaque nouvelle sensation !

bouche ; des courtes, concentrées sur le gland, que vous sucerez ensuite délicatement. Lorsqu'il est sur le point de jouir, gardez la même technique et la même cadence jusqu'au bout.

9. *Intensifiez les stimulations au moment où il va jouir*

Le point G masculin se situe entre trois et six centimètres à l'intérieur de l'anus ; en y insérant le doigt, vous rendrez son orgasme encore plus intense. S'il aime les caresses anales, il lèvera les fesses vers vous ou en l'air dès que vous commencerez à explorer cette zone. Allez-y en douceur et assurez-vous que votre doigt est bien lubrifié. Si vous n'êtes pas à l'aise dans cet exercice, intensifiez son orgasme en appuyant fermement sur la région du périnée avec votre pouce au moment où il éjacule.

10. *Décidez au préalable de ce que vous ferez quand il éjaculera*

À ce moment-là, son pénis, secoué de spasmes, se mettra à vibrer. Certains hommes cessent de bouger et restent parfaitement immobiles tandis que d'autres se déchaînent. D'autres encore sont ultra-sensibles quand ils jouissent (si votre partenaire est de ceux-là, ne touchez plus son gland et masturbez-le à la base du pénis). Si vous désirez avaler son sperme, faites-le correctement. Évitez les grimaces ! Déglutissez l'air gourmand. Si ça vous dégoûte, vous n'êtes pas obligée de le faire car il est grossier, voire insultant, de recracher. Retirez-vous quand il est sur le point d'éjaculer et continuez à le stimuler de la main. Autre alternative très appréciée de ces messieurs : laissez-le éjaculer ailleurs sur votre corps (sur votre poitrine ou dans votre cou). Et pour lui montrer que vous aimez vraiment ça, frottez ensuite son sperme sur votre peau.

Guide en 10 étapes du cunnilingus qui lui fera dire : « Encore, encore... »

« Cunnilingus » est le nom pas très sexy du sexe oral au féminin, mais ceux qui le maîtrisent accumulent les conquêtes. Le problème, c'est qu'il fait sombre par là et qu'il faut souvent y aller à tâtons. À part manger plus de carottes, il n'y a pas vraiment grand-chose à faire pour améliorer l'éclairage naturel du vagin. Cependant, vous pouvez la persuader de laisser la lumière allumée en arguant qu'il est essentiel de bien faire les choses. Pour certaines femmes, le cunnilingus est le seul moyen d'atteindre l'orgasme ; pour les autres, c'est souvent plus intense. Là encore, je me suis adressée à un expert pour connaître la méthode *ad hoc*. David est un prostitué dont la clientèle est exclusivement féminine. Et devinez ce qu'on lui demande le plus souvent ? Voici donc ses consignes. Ne vous contentez pas de lire ce passage, apprenez-le par cœur. Si vous voulez la faire vibrer de la tête aux pieds, voilà ce qu'il faut faire.

! *Le sexe oral est devenu la pratique sexuelle la plus appréciée des femmes, en tout cas dans l'université américaine où nous avons fait cette étude. En effet, 96 % des mille étudiantes interrogées prétendent préférer le cunnilingus à la pénétration.*

1. Les femmes sont plus longues à sentir le désir et à atteindre l'orgasme que les hommes, alors le temps est le plus grand luxe qu'on puisse leur accorder. Ne lui mettez pas la pression !

Si elle est stressée, commencez par la détendre en lui massant ou en lui caressant le corps jusqu'à ce qu'elle commence à être excitée. Ensuite, couvrez-lui le cou de baisers, caressez-lui et léchez-lui les seins et les mamelons avant de descendre plus bas. Laissez-lui sa petite culotte et caressez-la à travers le tissu jusqu'à ce que son sexe soit bien lubrifié. Enlevez-lui sa culotte seulement après.

2. Commencez par promener vos mains à l'extérieur, puis à l'intérieur de ses cuisses. Demandez-lui alors ce qu'elle préfère : un rythme lent, rapide, doux ou ferme ?

Tout en embrassant et en léchant son corps, tirez délicatement ses grandes lèvres sur les petites, en effectuant un doux mouvement circulaire pour chauffer toute la zone.

3. La position est importante

Si elle est timide, mieux vaut qu'elle s'allonge sur le dos et que vous vous agenouilliez au pied du lit, entre ses jambes. Beaucoup de femmes aiment qu'on leur fasse un cunnilingus lorsqu'elles sont debout et l'homme à genoux (ça réveille leurs fantasmes de domination ; ça leur permet aussi de contrôler la pression et la cadence en tenant la tête de leur partenaire). D'autres adorent qu'on le leur fasse par-derrière. Autre posture appréciée, qui leur assure une maîtrise totale de la situation : allongez-vous sur le lit, sous elle, et demandez-lui de s'agenouiller sur vous, le sexe sur votre bouche. Il se peut qu'elle mette les mains à plat contre le mur, derrière elle, pour ne pas perdre l'équilibre. Certaines femmes aiment se révéler totalement, jambes écartées, alors que d'autres préfèrent enrouler les jambes autour de la tête de leur partenaire. Tout dépend de la sensibilité de leur clitoris.

4. La lubrification est primordiale, alors ne lésinez pas sur la salive et léchez toute la zone, avant de vous concentrer sur le clitoris

Je suis restée avec un type complètement nul pendant six mois simplement parce qu'il faisait des cunnilingus d'enfer. J'en étais complètement accroc. Je n'arrivais pas à le larguer de peur qu'on ne m'en fasse plus jamais d'aussi bons – ce qui s'est malheureusement confirmé, jusqu'à présent.

Marie, vingt-quatre ans, secrétaire

Ne raidissez pas la langue. Ne la pointez pas non plus. Mieux vaut utiliser toute la surface plutôt que juste le bout. C'est l'une des erreurs les plus courantes. Commencez par des stimulations indirectes, en remuant doucement votre langue sur et autour de son clitoris : il se trouve en haut du vagin et ressemble à une petite bille.

5. Passez à des lèchements longs et doux, en maintenant un rythme lent mais régulier.

La cadence est primordiale : les changements de technique et de rythme n'ont aucun effet sur les femmes.

Soyez attentif au langage de son corps ; demandez-lui ce qui lui fait du bien et persistez ! Si elle éloigne son bassin, c'est que vous y allez trop fort. Si au contraire, elle l'avance, ou attire votre tête vers elle, augmentez légèrement la pression.

6. En règle générale, il vaut mieux être trop doux que trop énergique

Une fois encore, demandez-lui ce qui lui fait du bien. Essayez de balancer légèrement la tête, de faire des cercles aux abords du clitoris ou de donner des coups de langue de bas en haut.

7. Exprimez votre désir bruyamment

Si elle pense que vous aimez ça autant qu'elle, elle se détendra et saura qu'elle peut prendre son temps. Soyez patient et prêt à continuer jusqu'à ce qu'elle vous dise ou vous signifie d'arrêter. Les mouvements de langue doivent être doux. Si vous ne tenez pas les dix à quinze minutes nécessaires, c'est que votre langue est trop raide ou que vous allez trop vite.

8. Lorsqu'elle approche de l'orgasme, insérez un doigt dans son vagin

Beaucoup de femmes aiment être pénétrées avec un doigt ou un vibromasseur juste avant de jouir, mais cela en perturbe d'autres. Normalement, elle devrait repousser votre main si ça ne lui convient pas ou, dans le cas contraire, rapprocher son bassin pour augmenter la pénétration. Certaines femmes aiment se caresser le clitoris pendant qu'on leur fait un cunnilingus, d'autres suivent le mouvement de la langue de leur

C'est bizarre, mais je n'aime pas vraiment les cunnilingus. Je ne sais pas pourquoi. Ça me rend mal à l'aise. Je ne suis pourtant pas prude. Je n'ai aimé ça qu'avec un seul homme. Il avait la réputation d'être super-bon, et il l'était. Il trouvait tous les points sensibles. Avec les autres, je m'en passe sans problème.

Nicole, dix-sept ans, étudiante

amant avec les doigts. Dans ces deux cas, léchez-lui les doigts.

9. Pendant le cunnilingus, quand vous n'êtes pas en train de la masturber, pétrissez-lui les seins et caressez-lui les mamelons et le périnée...

Certaines femmes aiment qu'on leur enfonce un doigt lubrifié dans l'anus au moment où elles jouissent. Insérez doucement le bout du doigt et voyez si elle se rétracte, avant d'aller plus loin.

10. Son corps se raidit quand elle est sur le point d'atteindre l'orgasme

À ce moment-là, intensifiez légèrement la pression ou accélérez un peu la cadence. L'essentiel est de maintenir le rythme, même si elle se met à bouger. Quand elle jouit, repassez à des caresses lentes et douces, sur toute la région clitoridienne, en utilisant toute la surface de la langue. En général, le clitoris est d'une sensibilité quasi insupportable juste après l'orgasme. Ne vous étonnez pas si elle le couvre de la main ou si elle vous repousse.

Les cinq erreurs les plus fréquentes

1. Vous ne le faites que si on vous le demande et, manifestement, à contrecœur

Un homme qui prend un air dédaigneux et dit : « Ça sent mauvais » même quand sa partenaire sort de la douche est ridicule. À moins d'une infection, l'odeur naturelle du vagin est musquée et sensuelle. Ne lui reprochez pas de vous mettre à la porte si, malgré tout, vous faites un blocage.

2. Vous êtes trop brutal

Certaines femmes aiment les langues très fermes, mais la plupart préfèrent la douceur. Le clitoris est très sensible : si un cunnilingus endiablé la fait se tortiller, c'est de douleur, et non de plaisir.

3. Vous arrêtez trop tôt

Même si la seule vue de sa bouche sur votre pénis vous fait jouir, sachez que l'orgasme féminin n'est pas aussi instantané. Dites-lui qu'elle peut prendre son temps parce que vous adorez le cunnilingus et que vous l'aimez plus que tout.

4. Vous changez trop souvent de technique

Les femmes ont besoin d'un rythme régulier et constant pour atteindre l'orgasme. Même si votre vaste répertoire de mouvements linguaux l'impressionne, contentez-vous d'en utiliser un ou deux par séance. Le clitoris est une drôle de petite bête : il peut être surexcité par une sensation particulière et prendre un temps infini pour s'habituer à une autre, si vous changez de méthode.

5. Vous vous arrêtez au moment crucial

Vous préférez qu'on cesse de vous stimuler pendant que vous jouissez, mais les femmes aiment qu'on les caresse, quoique plus doucement, jusqu'au dernier spasme. Si vous vous interrompez au dernier moment, vous réduisez à néant toute chance d'orgasme.

Cher journal. Aujourd'hui, j'ai fait l'amour et c'était...

Jeanne

Jeanne, trente-deux ans, sort avec Brice, vingt-sept ans, depuis dix mois. Jeanne a du mal à faire confiance aux hommes et n'a eu que des liaisons de moins de trois mois depuis ses dix-huit ans. Brice a déjà eu quatre histoires sérieuses. Tous deux décrivent leur relation comme « au mieux, pas très solide ».

Première semaine

Hier, j'ai démissionné de mon boulot. Ça a été nerveusement très pénible, parce que j'y travaillais depuis cinq ans. La journée, en attendant de voir mon patron, j'ai bien passé une douzaine de coups de fil à Brice, pour qu'il me rassure sur ce que je m'apprêtais à faire. Il arrive toujours à me redonner confiance. Quand, enfin, j'ai pu lui dire que j'étais libre, il m'a annoncé qu'il avait réservé une chambre dans un hôtel cinq étoiles. On a passé la nuit à boire du champagne, à manger des mets savoureux et à faire l'amour. Brice est un spécialiste. C'est le seul homme qui soit capable de me faire jouir.

Je ne sais pas pourquoi, mais j'ai toujours été un peu coincée. Dans ma jeunesse, je traînais pas mal avec des copines qui étaient, je crois, plus faciles et grâce auxquelles j'ai eu une vision plus ludique du sexe. C'était sans doute bien pour moi, mais j'ai eu quelques aventures d'une nuit, comme elles, qui m'ont fait beaucoup souffrir et m'ont plutôt refroidie. Mes amies étaient vraiment accro de sexe alors que moi, j'avais besoin d'affection. Je tombais amoureuse tout le temps.

Deuxième semaine

Je stresse un maximum. Je me demande si j'ai bien fait de changer de travail. Je dois vite en trouver un autre. Et puis, j'ai pris du poids depuis que j'ai arrêté de fumer. Tout ça fait que je ne me sens pas particulièrement désirable ou désireuse de sexe. Brice me dit toujours qu'il ne veut pas que je me sente obligée de faire l'amour mais parfois, comme jeudi, je le fais, même si le cœur n'y est pas. C'était horrible. D'ailleurs, pour lui non plus, ça n'a pas dû être génial, mais il n'y a pas de raison qu'il subisse les conséquences de cette mauvaise semaine.

Troisième semaine

Cette semaine, ça a été pire que tout. J'ai à peine eu le temps de commencer un nouveau travail que j'ai attrapé la grippe. Malheureusement, Brice traverse aussi une mauvaise passe. J'ai besoin d'attention et lui aussi. Du coup, on n'arrête pas de s'engueuler. Résultat, on n'a pas fait l'amour depuis une semaine. Même si je ne suis pas folle de ça, ça me rapproche de lui. C'est un cercle vicieux : je ne peux pas me sentir proche de lui si on ne fait pas l'amour, mais je n'ai pas envie de faire l'amour si je ne me sens pas proche de lui. Pas simple, la vie !

Quatrième semaine

On n'en finit pas de rompre. Un jour, on s'engueule et je lui dis que tout est fini. Alors, il fait marche arrière et c'est reparti. Le lendemain, c'est lui qui veut rompre et c'est moi qui m'excuse. Hier soir, je lui ai demandé de dormir dans la chambre d'amis parce que, une fois au lit, les choses me paraissent moins graves qu'elles ne le sont. On a toujours été très câlins. Quand je me réveille, au milieu de la nuit, Brice me prend dans ses bras et me dit qu'il m'aime. Même quand on s'est disputés, je découvre en me réveillant que je suis lovée contre lui et j'en oublie ma colère. On a quand même fini par dormir ensemble, mais il ne s'est rien passé. Je ne crois pas qu'on se soit touchés une seule fois dans la nuit, et, ce matin, il est parti sans rien dire. C'est mal barré.

Ma vie sexuelle est... hélas, inexistante pour l'instant. Le courant ne passe plus entre Brice et moi et je ne pense pas que ça s'arrangera. C'est dommage, parce que c'est le meilleur amant que j'aie jamais eu. J'aime aussi beaucoup son côté sensuel et sensible. Mais nous sommes trop différents : il est décontracté et désinvolte, alors que moi, je suis superspeedée. Avec moi, il faut que ça bouge, alors que lui, il traîne, il profite du moment présent. C'est peut-être pour ça qu'il est si bon au lit et pas moi.

3

L'acte sexuel proprement dit

Il existe plus de six cents positions au hit-parade de l'amour, mais, si j'essaie de vous les expliquer une à une, vous allez vous endormir sur place. Je vais donc me concentrer sur les cinq plus courantes, avant de passer au sexe anal, de vanter les mérites du petit coup vite fait et de vous suggérer une méthode révolutionnaire pour vous éclater encore plus. Ça vous intéresse ? Normal. Mais quelle que soit la technique ou la méthode que vous adopterez, promettez-moi de le faire avec passion. Vous tirerez tous les deux beaucoup plus de plaisir à ces gymnastiques si vous y mettez du coeur, si vous vous saisissez les fesses à pleines mains, vous caressez absolument partout et léchez ou mordez tout ce qui se présente à portée de votre bouche. Lâchez-vous ! Faites tellement de bruit que vos voisins devront investir dans du double vitrage.

Les cinq positions les plus courantes

Malgré l'infinie variété des positions, les couples en utilisent en moyenne deux ou trois (le plus souvent en missionnaire, missionnaire inversé et en levrette). Il n'existe pas de position « idéale », car trop de paramètres entrent en jeu : la taille et le poids des partenaires, leurs préférences individuelles, l'humeur du jour… Certaines positions conviennent aux hommes qui jouissent trop vite, le « côte à côte » est idéal pour le câlin paresseux du dimanche matin et la pénétration par-derrière pour un petit coup rapide et pêchu.

Pour la plupart des hommes, l'orgasme est garanti dans presque toutes les positions, voire dans toutes. Pour les femmes (hélas !), c'est une autre histoire. La stimulation clitoridienne est quasiment indispensable pour nous faire jouir pendant l'acte, ce qui explique pourquoi la description de chaque position comprend une rubrique « Chances d'orgasme pour elle ». Cela dit, si vous n'êtes pas fan de la position préférée de votre partenaire, ce n'est pas grave. Faites-les à tour de rôle, ou bien les deux dans la foulée.

L'essentiel, c'est d'avoir du cœur à l'ouvrage !

Position du missionnaire

Les premiers missionnaires, chargés de « civiliser » les colonies, considéraient paraît-il cette position comme la seule respectable pour faire l'amour. D'où son nom et son image empesée.

C'est sans doute la première position dans laquelle vous avez fait l'amour. Et ça risque d'être la dernière (à quatre-vingt-dix ans, on n'est plus aussi souple…). D'ailleurs, même si on n'aime pas trop l'admettre, c'est la position qu'on adopte le plus fréquemment. Et il y a de bonnes raisons pour ça : cette configuration basique (la femme est allongée sur le dos, les jambes écartées, l'homme sur elle) ne demande aucune imagination, aucun effort pour la femme et est relativement confortable pour les deux. C'est la position de ceux qui aiment faire l'amour mais n'ont pas une âme de cascadeur. C'est bizarrement celle qui vient à l'esprit quand on a envie de faire l'amour car, peu importe la position, l'essentiel, c'est que ce soit *maintenant.* Le missionnaire plaît aussi beaucoup à celles qui pensent avoir encore grossi (« Puisque je te le dis ! ») c'est-à-dire 99 % de la population féminine. Couchée sur le dos, on a l'impression d'avoir un ventre extra-plat, des jambes bien galbées et on se sent plus belle !

Je n'ai pas d'orgasme quand il me pénètre, mais ça ne fait rien.
Ça nous rend plus proches. Nos corps s'emboîtent parfaitement, c'est humide et dur, et je me sens comblée. La première pénétration est toujours la meilleure, surtout quand avant on s'est excités mutuellement au point de ne plus pouvoir attendre.
Stéphanie,
vingt-cinq ans, secrétaire

L'intérêt de cette position pour elle

Vous êtes face à face. Vous pouvez parler, vous embrasser, ce qui est plutôt romantique. En revanche, vous avez peu de contrôle sur ce qui se passe, et pratiquement aucune possibilité de bouger. Pliez les genoux pour accentuer la pénétration. Stimulez le clitoris en gardant les cuisses serrées et en lui demandant d'écarter les jambes à l'extérieur des vôtres.

L' intérêt de cette position pour lui

En fait c'est lui, le maître de cérémonie. Il contrôle la profondeur, l'angle et le rythme de la pénétration. C'est donc une position relativement facile pour un éjaculateur précoce car il peut s'arrêter à loisir. Si le problème est inverse (il a bu un verre de trop et a du mal à jouir), vous pouvez serrer légèrement la base de son pénis entre le pouce et l'index, pour retenir le prépuce pendant qu'il vous fait l'amour. L'inconvénient, c'est que ni l'un ni l'autre ne pourrez vraiment voir ce qui se passe.

> *À mon humble avis, les deux positions préférées des hommes sont le missionnaire et la levrette. La première est facile et ne demande pas d'effort. Quant à la seconde, elle déménage. J'ai beaucoup pratiqué la levrette avec une fille que j'aimais. Du coup, maintenant, quand je fais l'amour dans cette position, je pense à elle et au bon vieux temps.*
> Stéphane, vingt-quatre ans, professeur de gym

Chances d' orgasme pour elle

Cette position ne permet pas une bonne stimulation manuelle du clitoris. Mais elle permet à l'homme de tenir plus longtemps, ce qui peut s'avérer utile.

Comment les augmenter

Placez un ou deux coussins fermes sous vos fesses. Repliez vos genoux vers la poitrine ou croisez les jambes derrière le dos de votre partenaire pour une meilleure pénétration. Essayez de lever les jambes très haut, en posant un ou deux pieds sur ses épaules. Allongez-vous, le buste hors du lit, la tête au sol, sur un coussin (oui, je sais, le sang va vous monter à la tête, mais c'est le but : certaines femmes prétendent que ça améliore considérablement l'orgasme).

Pour rendre cette position encore plus intéressante, interdisez-vous de la pratiquer. Comme ça, si un jour, vous vous retrouvez par hasard sous lui (et ça arrivera car il n'y a rien de plus tentant que les interdits), ce missionnaire prendra un petit parfum de vice qui le rendra encore plus excitant.

Les variantes

Guidez-le vers votre point G. Au lieu de réagir à ses mouvements de va-et-vient, redressez-vous sur les coudes, soulevez les fesses, puis revenez lentement à la position allongée. Recommencez jusqu'à ce que l'un de vous deux (ou les deux) arrive(nt) à l'orgasme. Demandez-lui de soulever vos jambes et de les tenir en l'air. Roulez ensemble, et finissez... sur lui.

Indices de confort pour lui

Il doit supporter son propre poids sur ses bras, ce qui peut être fatigant à la longue.

Indices de confort pour elle

S'il pèse de tout son poids sur vous, sans s'aider de ses bras, de ses coudes ou de ses genoux, vous aurez du mal à respirer ! S'il a le gabarit d'un Sumo et vous d'une allumette, choisissez une autre position.

Le missionnaire inversé

Toute femme digne de ce nom se doit de montrer tout ce dont elle est capable au lit et ailleurs. Ici, c'est vous qui êtes aux manettes, ce qui fait délicieusement « libéré », sans parler de l'excitation que ça vous procure à tous les deux. Pour obtenir un contrôle et un équilibre parfaits, la femme s'agenouille généralement au-dessus de son partenaire qui reste allongé sur le dos, puis descend sur son pénis. Vous pouvez également essayer accroupie. Cette position se fait généralement face à face. Ne passez jamais à cette position si son pénis n'est pas suffisamment dur car vous risquez de lui faire très mal.

L'intérêt de cette position pour elle

C'est le contraire de la position du missionnaire : au lieu que ce soit lui qui dirige, c'est vous qui contrôlez la profondeur, l'angle et le rythme de la pénétration. Vous avez tout pouvoir, alors profitez-en et éclatez-vous ! Si vous n'avez pas envie d'exhiber votre corps, penchez-vous en avant. Si les pénétrations profondes vous font souffrir (le col de l'utérus est parfois sensible), c'est une position dans laquelle vous vous sentirez à l'aise car c'est vous qui contrôlerez la profondeur, pas lui.

L'intérêt de cette position pour lui

Il peut regarder votre corps et ce qui se passe : tout est là, offert, devant lui ! Il peut aussi observer les expressions de votre visage quand vous approchez de l'orgasme. Vous pensez peut-être que vos seins sont ridicules quand ils tressautent, mais lui, il adore ça. Et puis, pour couronner le tout, il peut voir son pénis entrer et sortir de votre vagin sans faire le moindre effort. Il est détendu : vous gérez votre plaisir (du moins en ce qui concerne la pénétration) et il peut se laisser aller.

> *Je déteste être au-dessus. J'ai des crampes dans les jambes, je me sens bête et j'ai mal au dos. Je n'aime pas non plus la levrette. Je trouve ça rabaissant, dévalorisant.*
>
> Louise, trente-deux ans, agent immobilier

Chances d'orgasme pour elle

Les deux mains de votre partenaire sont libres, prêtes à vous caresser les seins ou le clitoris (penchez-vous en avant et soulevez-vous un peu pour lui faciliter l'accès). Si vous êtes une fan du point G, vous allez adorer cette position (penchez-vous en arrière). Vous pouvez aussi stimuler vous-même votre clitoris pendant qu'il vous pénètre.

Comment les augmenter

Effectuez de petits mouvements circulaires avec les hanches tout en montant et descendant sur son sexe. Agacez-le un peu (ou beaucoup) en frottant les lèvres de votre vagin sur le bout de son pénis, laissez-le vous pénétrer très légèrement et soulevez-vous quand il a envie d'aller plus loin. Excitez-le en jouant avec vos seins ou votre clitoris.

Les variantes

Tournez-lui le dos afin qu'il voie vos fesses (attention, résistez à l'envie de tourner de 180° sur son sexe sans l'avertir). Posez-lui les mains sur vos hanches pour vous aider à monter et à descendre. Penchez-vous d'avant en arrière, pour stimuler différents endroits de votre vagin. Allongez-vous sur lui (au lieu d'être assise ou accroupie) les jambes à l'extérieur ou à l'intérieur des siennes. Faites-le asseoir sur une chaise et enfourchez-le, ou par terre, les jambes étendues devant lui et accroupissez-vous sur lui, les pieds à plat sur le sol.

Indice de confort pour lui

Dix sur dix ! D'ailleurs, pourquoi ça n'irait pas ? Les femmes étant souvent plus légères que les hommes, il y a peu de chances que vous l'écrasiez.

Indice de confort pour elle

Cela peut devenir fatigant si vous utilisez vos jambes pour monter et descendre mais dites-vous que comme ça, vous n'aurez pas à faire de squats à la gym.

Par-derrière, en levrette

Cette position permet une pénétration très profonde et réveille l'instinct animal qui sommeille en chacun de nous. C'est un grand classique chez les couples qui aiment vraiment le sexe et pour qui se balader la main dans la main sur une plage ne suffit pas. Par contre, si votre amant a du mal à se retenir, oubliez cette position, à moins que vous n'ayez tous les deux envie d'un petit coup rapide. La pénétration en profondeur alliée à son côté « grand fauve en rut » font monter le plaisir en flèche d'autant plus qu'il ne voit pas votre visage et peut fantasmer à loisir. Résultat, il va tenir, ooohhh, au grand maximum deux secondes, avec un peu de chance.

L'intérêt de cette position pour elle

Les femmes sexuellement libérées adorent être « prises » en levrette. Il suffit de se repasser le vieux fantasme de l'esclave (la position par-derrière renforce l'impression d'être dominée, soumise et vulnérable) pour que l'imagination explose. Comme vous ne le voyez pas, ce peut être n'importe qui : le héros de votre feuilleton préféré, l'ouvrier bien bâti que vous avez croisé ce matin ou son meilleur ami. Avec vos seins placés à la verticale, le sang circulera encore mieux ce, qui les rendra encore plus sensibles.

L'intérêt de cette position pour lui

Cette position lui permet de vous pénétrer encore plus profondément et lui offre un spectacle de premier choix – en fait, il est plus excité par ce qu'il voit que par ce qu'il ressent. La vue de son pénis allant et venant dans votre vagin le comble de joie. Vos fesses qui se frottent à ses testicules l'enchantent. Et, puisqu'on parle de fesses, il adore les voir (et pas pour vérifier leur calibre).

Chances d'orgasme pour elle

Les orgasmes sont souvent plus intenses, parce que son sexe atteint des points sensibles (la paroi antérieure du vagin). Il a les mains libres et peut donc vous caresser les

> **!** *Avant, les hommes prenaient l'initiative trois fois sur quatre. Maintenant, les femmes prennent les devants 40 % du temps.*

seins et/ou le clitoris. C'est de loin la meilleure position pour stimuler le point G, puisque le pénis bute contre la paroi antérieure du vagin.

Comment les augmenter

Laissez-vous aller complètement et mettez-vous à quatre pattes pour qu'il vous pénètre mieux.

Les variantes

Plutôt que de rester agenouillée, allongez-vous sur le ventre, jambes écartées. Il peut alors s'allonger sur vous et vous pénétrer (tout en vous stimulant indirectement le clitoris). Ou alors, demandez-lui de se mettre debout et penchez-vous vers l'avant jusqu'à ce que vos mains touchent le sol. Essayez aussi la « brouette » : allongez-vous, à plat ventre sur le lit, appuyée sur les coudes et demandez-lui de se mettre debout derrière vous et de soulever vos jambes à l'horizontale.

Indice de confort pour lui

Il risque de se brûler les genoux sur la moquette, si vous faites ça dans le salon, mais est-ce vraiment un problème ?

Indice de confort pour elle

Cette position permet une pénétration profonde, parfois trop, surtout s'il s'excite et s'emballe comme un étalon. Si ça vous gêne, soulevez les fesses. Mais le mieux, c'est de lui demander de se retenir et de faire attention.

FACE À FACE, ASSIS OU AGENOUILLÉS

Parce qu'elles sont intimes et tendres, ces positions sont, pour de nombreux couples, une agréable façon de varier les plaisirs. Vous pouvez par exemple vous asseoir sur le lit et lui demander de s'agenouiller devant vous. Ou encore, vous asseoir sur ses genoux. Ces positions que les « sexperts » appellent « face à face » font d'excellentes variations et s'enchaînent parfaitement avec le missionnaire ou la levrette.

L'intérêt de cette position pour elle

Ça change de l'ordinaire, on peut se regarder dans les yeux et il est dans la position idéale pour vous caresser le clitoris et les grandes lèvres avec son sexe, qu'il dirigera de la main.

L'intérêt de cette position pour lui

Il peut vous plaquer contre lui en vous attrapant les fesses. Et surtout, il peut se rincer l'œil.

Chances d'orgasme pour elle

Dans cette position, il peut voir et toucher votre clitoris, ce qui vous amènera plus facilement à l'orgasme.

Comment les augmenter

Essayez de vous balancer pendant la pénétration, en prenant appui sur vos jambes pour maintenir un rythme régulier.

! *La douche, la table de la cuisine, par terre dans le salon et derrière la porte des toilettes. Voici pour faire l'amour les endroits préférés des cinq cents femmes que nous avons interrogées. En résumé : n'importe où plutôt qu'au lit !*

Les variantes

À utiliser pour pimenter vos positions « préférées ». Passez d'un missionnaire ou d'une levrette à un face-à -face, même pour un bref instant seulement.

Indice de confort pour lui

Votre taille et votre poids respectifs peuvent rendre certaines positions difficiles, voire impossibles. Ne choisissez pas une position dans laquelle il risque de se sentir « tordu » s'il a des problèmes de dos ou si vous êtes plus forte que lui.

Indice de confort pour elle

Certaines femmes se plaignent de crampes dans les jambes mais, si vous partagez le travail (bougez à tour de rôle), ça devrait aller.

ENLACÉS

C'est une position confortable, complice et sensuelle, parfaite pour ces moments langoureux où vous êtes légèrement excités, sans plus. La position enlacée la plus courante est celle des « petites cuillères » en référence aux services d'antan. Vous êtes allongée sur le côté, il vous pénètre par-derrière en vous tenant dans ses bras. Relevez les genoux pour lui permettre de vous pénétrer, puis gardez vos fesses tendues vers lui, le genou du dessus décalé vers le haut.

L'intérêt de cette position pour elle

Vous serez tout contre lui pendant que, de ses mains, il vous caressera le cou, les seins et le clitoris. C'est très câlin et peu fatigant si vous n'êtes pas au mieux de votre forme.

L' intérêt de cette position pour lui

Cette position convient parfaitement aux éjaculateurs précoces, car ils sont moins « sollicités » et suffisamment détendus pour arriver doucement à l'orgasme. Profitez de ce qu'il soit tout contre vous pour lui caresser les fesses, les testicules et le périnée.

Chances d' orgasmes pour elle

Stimulez votre point G en lui demandant de se pencher légèrement en arrière, en diagonale. Cette position lui permet aussi d'accéder facilement à votre clitoris.

Comment les augmenter

Formez un X, tête-bêche, les jambes écartées. Il vous pénètre. Chacun a une jambe sur celle de l'autre et une jambe sous celle de l'autre. Tenez-vous par les mains afin de bien maîtriser la situation. Très efficace pour le calmer s'il est du genre à éjaculer trop vite.

Les variantes

Frottez vigoureusement vos fesses sur son sexe en penchant votre buste vers l'avant. Promenez vos doigts sur son pénis pendant qu'il vous pénètre.

Indice de confort pour lui

C'est la position préférée des amants cool et un tantinet flemmards.

Indice de confort pour elle

Idem. C'est même encore plus agréable que le missionnaire, si votre partenaire est lourd. En plus, vous pourrez vous endormir enlacés.

Petit guide de la simulation anale

L'anus est souvent considéré comme une « zone interdite », ce qui le rend bien sûr encore plus attirant. Hormis l'aspect psychologique de la chose, l'anus et le rectum comptent une infinité de terminaisons nerveuses. Pour certains, c'est même la zone la plus érogène du corps.

Mais, pour chaque couple qui adore ce genre de stimulation quand il fait l'amour, il y en a un que la seule pensée d'être touché « là » fait blêmir. C'est pourquoi je vous recommande de ne pas sauter sur votre partenaire en lui promettant vaguement la plus grande jouissance de sa vie sans lui dire que vous allez lui enfoncer un doigt dans le derrière. Si votre partenaire pâlit, tant pis pour lui (elle), et ce n'est pas à vous de le (la) faire changer d'avis. Cependant, vous pouvez tranquillement lui expliquer que ce n'est pas sale. Le rectum est généralement vide, et, tant que vos doigts sont propres et bien lubrifiés et que vos ongles sont courts, vous ne risquez pas de le (la) blesser. En revanche, je vous déconseille d'introduire quoi que ce soit d'autre dans son anus, à moins que vous n'ayez envie d'être la risée du service d'urgences de votre hôpital. Et, pour éviter tout transfert de bactéries, lavez-vous soigneusement les mains avant de passer à une autre partie de son corps.

Les sensations que procure la stimulation anale sont très différentes de celles dont nous avons l'habitude et décuplent merveilleusement les autres. Si on combine une stimulation anale à une pénétration, l'orgasme n'en sera que meilleur. Vous pouvez aussi vous en servir lors d'une fellation (d'un cunnilingus) ou quand vous masturbez votre partenaire. En lui caressant à la fois le clitoris et l'anus, monsieur, vous lui ouvrirez les portes du paradis. Et vous, madame, pour qu'il ait un orgasme encore plus puissant, mettez-lui un doigt dans l'anus pendant qu'il vous pénètre.

La première fois, je vous conseille de faire ces exercices pendant que vous le (la) masturbez ou le (la) titillez de la bouche, avant de le faire pendant l'amour. Il est en effet assez difficile de garder le rythme tout en questionnant son partenaire et en explorant délicatement son anus. Apprenez d'abord à reconnaître les zones « accessibles » et « formellement interdites », avant de les stimuler au moment de l'orgasme.

Pour lui

Commencez par caresser son sexe, puis déplacez la main vers son périnée (la zone lisse entre le sexe et l'anus). Caressez-le d'abord doucement, puis, avec trois doigts, massez-le fermement.

Effleurez son anus et voyez comment elle réagit. Si elle se rétracte ou serre les fesses, c'est qu'elle n'en a pas envie ou qu'elle est nerveuse. Si vous n'en avez pas parlé avant, vous risquez gros en continuant !

Si elle vous tend les fesses, les appuie contre votre main, cela signifie que vous pouvez continuer. Avant d'aller plus loin, vous devez impérativement appliquer un gel lubrifiant sur vos doigts et sur son anus. Continuez à en caresser les bords jusqu'à ce qu'elle soit détendue, puis introduisez le bout d'un doigt dans son rectum. Restez sans bouger pendant quelques instants, puis décrivez des cercles ou sortez et entrez votre doigt doucement. Continuez à presser son périnée avec la paume de votre main. Assurez-vous que ça lui plaît avant d'enfoncer le doigt davantage. Si vous caressez son clitoris en même temps, cela doublera son plaisir.

Pour elle

Si son érection est un peu molle, voilà de quoi lui donner du tonus en moins de deux. Suivez les instructions données ci-dessus, puis...

Massez-lui l'anus, en décrivant lentement des cercles avec le doigt. Puis insérez un ou deux doigts *parfaitement lubrifiés* dans son rectum, sur environ 5 centimètres. Attendez qu'il se détende, puis tâtez la paroi antérieure de son rectum jusqu'à ce que vous trouviez une boule ferme, de la taille d'une noisette. C'est sa prostate mais aussi et surtout son point G. Caressez-le, ou appuyez légèrement de haut en bas, en gardant la paume de la main fermement appuyée sur son scrotum pour lui donner encore plus de plaisir.

> *La première fois qu'un type m'a mis un doigt dans l'anus, ça a été l'horreur. Il ne m'avait pas prévenue et l'a enfoncé sans lubrifiant. J'ai détesté ça. Mais, avec mon copain actuel, c'est différent. Il sait quand et comment le faire convenablement et, maintenant, j'en ai besoin pour jouir.*
> Alexandra, vingt-six ans, mère de famille

Pour les deux

Si vous ne pouvez pas faire l'amour (vous n'avez pas de préservatif, vous n'avez pas envie pendant vos règles, ou vous voulez simplement essayer autre chose), optez pour la raie des fesses. Utilisez le sillon de vos magnifiques fesses comme un « vagin » de substitution. Ça change, c'est sacrément excitant et c'est très facile. Serrez les fesses en chaloupant du bassin et entraînez-le dans un rythme fou.

Un petit coup vite fait

Quand vous n'avez pas beaucoup de temps pour faire l'amour ou que vous êtes d'humeur flemmarde, rien ne vaut un bon petit coup vite fait, sous n'importe quelle forme. Avec le bon partenaire et au bon moment, cela peut être aussi excitant, sinon plus, qu'une longue et épuisante partie de jambes en l'air. L'essentiel, c'est que vous en ayez tous les deux envie au même instant. Dans ce cas-là, oubliez tout ce que je vous ai dit sur les préliminaires. L'intérêt du petit coup vite fait, c'est sa spontanéité et les seuls préliminaires nécessaires sont : « On le fait ? » Par contre, souvenez-vous qu'un petit coup vite fait, aussi érotique et sauvage soit-il, peut être extrêmement frustrant si c'est votre seule façon de faire l'amour.

Un petit coup vite fait, c'est surtout bon quand :

• vous restez à moitié habillés. Si vous vous mettez à vous dévêtir sagement, vous n'êtes pas prêts pour un petit coup. La solution ? Arrachez vos vêtements

• c'est spontané, vous avez tous les deux la même envie au même moment

• vous travaillez tous les deux beaucoup et êtes trop

On était sortis dîner, mon chéri et moi, avec des copains. Je suis allée aux toilettes, et il m'a suivie. On avait tous les deux envie d'un petit coup rapide. On a ouvert une porte, et on s'est retrouvés dans une cour qui servait à stocker les poubelles. Ça n'a duré que quelques minutes, mais c'était génial. J'étais sûre que personne ne remarquerait rien. Quand je suis revenue à la table, mes copains étaient morts de rire. Ils m'ont montré la fenêtre qui donnait sur la cour aux poubelles !

Laetitia, vingt-neuf ans, attachée de presse

fatigués pour passer vos nuits à faire l'amour, mais vous souhaitez entretenir le désir entre vous

• la femme en prend l'initiative. Les hommes ont souvent envie d'un petit coup vite fait, donc si c'est vous qui le proposez, ça va le mettre dans tous ses états

• votre vie sexuelle est monotone et a besoin d'un petit remontant

• l'un d'entre vous a le sentiment de ne pas être à la hauteur. Un petit coup vite fait, ça détend et ça réveille l'instinct animal

• vous avez une envie folle de sexe, mais vous êtes en public et ne pouvez pas vous permettre de disparaître pendant des heures. Vous êtes dans un parc où des enfants jouent au ballon à proximité ? Si vous avez une jupe courte, tirez votre culotte d'un côté, asseyez-vous sur ses genoux (il ouvrira sa fermeture Éclair à l'abri de votre jupe) et embrassez-le tendrement.

Les gens qui pique-niquent à côté trouveront ça très romantique.

Quelques suggestions en prime

• Essayez dans un fauteuil, ou encore mieux, le fauteuil de votre ou de son bureau quand il n'y a personne dans les parages (renoncez-y s'il y a le moindre risque que quelqu'un vous découvre : ça ne vaut pas le coup de perdre votre boulot, ni votre réputation). Asseyez-vous et penchez-vous vers l'arrière, lui agenouillé devant vous, et enroulez vos jambes autour de ses fesses.

• Osez la variété. Faites-lui un petit cunnilingus quand elle est sur le point de sortir pour retrouver une copine (ne la déshabillez pas, contentez-vous de tirer son slip sur le côté). Et vous, madame, faites-lui une superfellation dans le même genre de situation.

• Remplacez vos collants par des bas et un porte-jarretelles. C'est plus sexy et ça permet des petits coups faciles et rapides.

• Faites-le par-derrière. Cela ne nécessite quasiment aucun déshabillage. Vous pouvez aussi rester debout, face à lui, contre un mur (si vous êtes à peu près de la même taille). Dans ce cas, enroulez une jambe autour de lui, pour tenir en équilibre, et lui permettre de vous pénétrer plus profondément.

! *Vous riez en faisant l'amour ? Rien de plus normal. Le relâchement émotif et nerveux pendant ou après l'orgasme peut avoir cet effet. C'est très naturel.*

• Laissez-vous porter par le désir même quand vous êtes tous les deux fin prêts à sortir et que vos amis vous attendent pour dîner. Les petits coups vite faits sont par définition rapides. Vous auriez eu le temps de le faire pendant les deux minutes où vous avez hésité, la main sur la poignée de la porte.

• Essayez sur la plage, dans un ascenseur, un avion, un parc, un train ou votre voiture. Le choix est quasi illimité !

Une façon révolutionnaire de faire l'amour

La technique d'alignement coïtal (CAT), mise au point par le psychothérapeute américain Edward Eichel, a secoué le microcosme des « sexperts ». Même les sexologues les plus avertis ont été soufflés en lisant les premières publications d'Eicher, au début des années quatre-vingt-dix. La CAT est non seulement censée augmenter les chances d'orgasme pour les femmes, mais elle augmente aussi les chances d'avoir des orgasmes *simultanés*, car, contrairement à la croyance populaire, la probabilité que vous jouissiez en même temps est très faible... à moins que l'un des deux ne simule.

Eichel a testé sa théorie sur quarante-trois hommes et femmes. Avant cette expérience, 23 % des femmes disaient avoir un orgasme pendant la pénétration ; ce pourcentage est passé à 77 % grâce à la CAT. Et, tandis qu'en conditions normales, aucune femme n'avait d'orgasme simultané avec son partenaire, plus d'un tiers y parvenaient grâce à cette technique.

Le principe de base est très simple. Eichel est de ceux qui considèrent que la stimulation clitoridienne est indispensable pour que la femme jouisse. Notant que les mouvements de va-et-vient du pénis ne contribuent pas à le stimuler, il a mis au point un autre mouvement, une sorte de « roulis simultané » permettant d'exercer une pression rythmée sur le clitoris et ce, jusqu'à l'orgasme. Le problème, c'est que cette technique est difficile à maîtriser. Il faut vraiment réussir à oublier tout ce que vous avez appris et faites automatiquement depuis des années. C'est pourquoi, si certains couples sont devenus des fans de la CAT, la plupart sont revenus à la bonne vieille méthode, parce que c'est quand même plus simple. Ça vous intrigue ? Alors, voilà la marche à suivre.

La position

Demandez-lui de se mettre sur vous, le pubis face au vôtre. Il vous pénètre, mais il est plus « haut » que d'habitude, donc la base de son pénis reste à l'extérieur et appuie sur votre mont de Vénus. Il pèse de tout son poids sur vous, sans se redresser sur les coudes. En général, son poids le fait glisser légèrement vers vos épaules et votre tête. Il ne doit pas glisser vers le bas pour que son pubis ne passe jamais sous le vôtre. Enroulez les jambes autour de ses cuisses et posez les talons sur ses mollets.

! *Nombre de positions régulièrement utilisées par la majorité des couples : de deux à cinq. Leurs préférées : le missionnaire et le missionnaire inversé. Nombre de couples qui font régulièrement l'amour dans plus de vingt positions : 5 %.*

Le mouvement

Vous devez utiliser votre pubis, et non vos jambes ou vos bras. Je parie que vous allez regretter de ne pas avoir pris de cours de danse moderne parce que tout est une question de coordination. Le but est de parvenir tous les deux à bouger exactement de la même façon et au même rythme.

La femme dirige le mouvement vers le haut : elle pousse son pubis pour repousser son pubis à lui. Il suit le mouvement, mais continue à appuyer sur le pubis de sa partenaire. Son pénis disparaît alors dans son vagin. Pour le mouvement inverse, faites le contraire. C'est lui qui pousse votre pubis vers le bas, mais vous devez alors vous presser contre lui pour appuyer votre clitoris sur la base de son sexe. Le pénis vient alors en avant et appuie sur le mont de Vénus en sortant légèrement du vagin. Ce mouvement de pression et de contre-pression doit remplacer le va-et-vient classique.

L'orgasme

Au lieu d'accélérer le mouvement, comme on le fait généralement, il faut maintenir un rythme régulier. N'accélérez pas et ne ralentissez pas. Si vous avez bien suivi ces conseils, vous arriverez naturellement à l'orgasme, ensemble.

Cher journal. Aujourd'hui, j'ai fait l'amour et c'était...

Maria

Maria, quarante ans, est mariée depuis un an à Arnaud, trente-neuf ans. Elle est réceptionniste dans un grand centre médical. Elle a un grand appétit sexuel et est très frustrée par le manque d'intérêt de son mari. Depuis peu, elle sort avec un de leurs amis, lui aussi marié.

Première semaine

J'ai bu un café avec une copine et on s'est mises à parler de sexe. Je traversais une période d'excitation intense, et j'ai essayé de lui expliquer comment c'était. Je lui ai dit que j'étais attirée par des tas d'hommes différents – souvent tout bonnement par goût de la nouveauté. À moins de tomber sur un vraiment moche, j'arrive toujours à trouver quelque chose qui me plaît. Il suffit qu'il y en ait un qui me regarde d'un air lubrique pour que je m'enflamme. Parfois, je regarde ses mains et je les imagine en moi. Un jour, à un barbecue, j'ai rencontré un type très nul, mais sublimement bien foutu. À un moment donné, il a enlevé sa chemise pour nous montrer une cicatrice : il avait un dos superbement musclé et une peau brune, magnifique. J'ai senti le désir monter en moi et, si j'avais pu, je lui aurais fait l'amour là, sur-le-champ. Je dois avoir plus d'hormones mâles que femelles, parce que les hommes comprennent tout à fait ce que je ressens (à part mon mari, bien sûr). Quand je parle de ça avec mes copines, elles me prennent pour une folle. En fait, la plupart n'aiment pas faire l'amour. Je mets rarement mes fantasmes à exécution... mais je le ferais, si c'était possible.

J'ai encore fait un rêve érotique, cette nuit, à propos d'un ancien amant. Je rêve souvent des types que j'ai largués et qui veulent me reconquérir. Dans mes rêves, j'invente les pires stratagèmes pour qu'ils reviennent, mais très vite je m'ennuie. Je ne suis pas si différente que ça, dans la vie : une fois que j'ai eu ce que je voulais, je m'en vais. Je n'aurais jamais dû me marier. La drague me manque terriblement. Quand on est en pleine opération séduction, on est terriblement conscient de son corps, on le sent s'enflammer. Je suis comme en chaleur et, si celui que je désire approche, mon corps se tend involontairement vers lui. C'est ce qui me manque dans le mariage. Je suis censée ne plus penser à ça, brider mon instinct.

C'est marrant : si, avec Arnaud, on fait l'amour plusieurs nuits de suite, les trois nuits suivantes, c'est ceinture. Je l'ai observé, la nuit dernière, dormant à poings fermés bien calé sous la couette, et je me suis demandé s'il s'inquiétait de savoir s'il me comblait sexuellement ou s'il faisait juste ça pour se satisfaire, lui. Tout va bien, avec Arnaud, au lit. Mais c'est ça, le problème, tout va super-bien, c'est d'un banal !

Deuxième semaine

Ça fait cinq jour que je n'ai pas fait l'amour. Je me suis masturbée des millions de fois, mais j'en ai marre d'être seule. Je suis allée à une soirée, hier, avec Benoît, un vieux copain d'Arnaud et moi. Il est mignon et me dévore chaque fois des yeux. On est visiblement très attirés l'un par l'autre. Ni Arnaud, ni la femme de Benoît ne semblent avoir remarqué quoi que ce soit, ce qui est somme toute assez normal : quand on n'est pas branché sexe, on ne perçoit pas les vibrations entre les gens. Je suis sûre que Benoît serait prêt à plus de fantaisies qu'Arnaud. On m'a raconté un jour qu'on l'avait surpris en train de faire l'amour à sa secrétaire dans les toilettes de son bureau. Sa femme était atterrée, mais moi, ça m'a excitée. Pour faire l'amour dans les toilettes, il faut être très, très chaud ! Benoît s'est marié très jeune. Sa femme attend un bébé. Je le plains. Au moins moi, si je m'ennuie trop avec Arnaud, je peux le quitter.

Quand je parle avec d'autres gens, j'ai l'impression qu'ils s'ennuient tous au lit. C'est parce qu'on s'entête à rester monogame. L'autre jour, quelqu'un s'étonnait que le petit copain de je ne sais quelle actrice célèbre se soit fait prendre en train de flirter avec une autre femme beaucoup moins attirante. Moi, ça ne m'étonne pas. Le physique n'a rien à voir là-dedans, il voulait juste un peu de nouveauté. Quelqu'un dont il ne connaissait pas le moindre mouvement par cœur.

Je ne crois pas au syndrome prémenstruel. Personnellement, je ne sens rien. En revanche, je crois aux biorythmes. Parfois, j'envisage de rester cent pour-cent fidèle à Arnaud, et d'autres fois, ça me semble vraiment impossible. C'est le vieux syndrome du Docteur Jekyll et Mr. Hyde. Quand je relis ce que je viens d'écrire, ça me semble un peu irréel car je traverse une phase « heureuse en mariage ». Aujourd'hui, je me sens vertueuse et amoureuse d'Arnaud. On a même parlé d'avoir un bébé. Tout ce que je veux, c'est faire l'amour doucement et tendrement avec lui. Quelle idiote !

Troisième semaine

Je suis encore dans une humeur « je me fiche de tout et tant pis si je ne touche plus jamais à quelqu'un ». On a fait l'amour vendredi soir, mais ça a été très frustrant. Arnaud m'a fait un cunni, j'étais sur le point de jouir, mais il est passé à autre chose et m'a privée d'orgasme. Il n'y avait plus que l'aspect mécanique, les contractions, sans le plaisir. Je le lui ai dit et il m'a répondu que l'orgasme masculin était toujours comme ça, que la partie intense du plaisir durait moins d'une seconde. Les hommes sont encore plus bêtes que je ne le pensais. Si leur orgasme est si court, pourquoi sont-ils si pressés d'y parvenir ? Pourquoi ne s'investissent-ils pas plus dans les préliminaires ?

Arnaud est parti deux jours pour son boulot, mais ma phase « bonne sœur » arrive à son terme. Je sens déjà les premiers frissons du désir monter en moi. Ça fait très théâtral, mais c'est exactement ce que je ressens. Parfois, je sens que je perds le contrôle et que mon corps me force à faire des choses que je regrette après. C'est comme si un grand monstre allait une fois de plus s'emparer de ma vie. La force de mes instincts sexuels m'effraie. J'aime vraiment Arnaud, mais dans ces moments-là, je suis prête à faire n'importe quoi pour satisfaire mes besoins.

Quatrième semaine

Je suis un peu nerveuse en écrivant ça. Vous vous souvenez de Benoît ? L'homme très, très marié avec une femme enceinte, sur lequel je craquais ? Eh bien, j'ai couché avec lui ! On est allés passer le dimanche chez eux, avec Arnaud. Ambiance champagne et piscine. Arnaud est parti acheter à boire et à manger. Sur ces entrefaites, la femme de Benoît a décidé d'aller voir une de ses amies qui était malade. À croire qu'ils l'ont fait exprès ! Au début, j'étais assez gênée de me retrouver seule dans la piscine avec Benoît. Mais on s'est mis à bavarder, à flirter et il m'a embrassée. Un super-long baiser érotique. Je me doutais que ça viendrait, mais j'ai quand même été surprise. J'ai essayé de le repousser en riant, mais il a continué à m'embrasser dans le cou. Il commençait à faire sombre et j'étais tellement excitée que je l'ai laissé faire. Il a glissé les doigts dans ma culotte, et j'ai perdu le contrôle. On s'est retrouvé à faire l'amour comme des fous au bord de la piscine (et quand je dis comme des fous...). J'ai joui en moins d'une minute. Je me suis relevée à toute vitesse. J'étais en train de me sécher quand le pauvre Arnaud est revenu avec des bouteilles, des cigarettes et de quoi manger. Je me suis sentie coupable et triste. Maintenant je l'ai trahi en vrai, pas seulement dans mes rêves.

Benoît m'a appelée au travail, aujourd'hui, pour s'excuser. Je ne veux pas qu'il s'excuse, j'en veux encore et je le lui ai dit. Je me sens toujours coupable, mais plus j'y pense, plus j'ai envie de revoir Benoît. Arnaud sait que j'ai de grands besoins sexuels, mais il ne fait aucun effort pour les assouvir. Puisqu'il ne me comble pas, autant aller voir ailleurs. Je plains la femme de Benoît, mais je ne l'ai jamais vraiment aimée et je ne lui prends pas son mari de façon permanente, je le lui emprunte juste de temps en temps.

Ma vie sexuelle est... placée sous le signe de la culpabilité. D'un côté, le sexe m'éclate et je ne pourrais pas m'en passer. D'un autre, mon désir me crée pas mal de problèmes, comme la situation dans laquelle je suis actuellement. J'aime Arnaud et je voudrais vraiment que ça marche entre nous, mais mon côté « méchante fille » prend souvent le dessus. Je suis triste aussi qu'on ait glissé si vite dans la « petite vie de couple marié » après seulement un an de mariage. Je ne sais absolument pas ce qui va se passer maintenant que j'ai un amant, mais, au moins, je m'amuse au lit. Ce n'est pas tant Benoît qui m'excite que le côté défendu de la chose. En terme de technique, Arnaud est meilleur.

4

L'orgasme

Un jour, des scientifiques ont équipé une souris d'un dispositif électronique qui, à chaque fois qu'elle appuyait sur un levier, lui procurait un orgasme. La pauvre créature est morte dans les vingt-quatre heures... d'une overdose de plaisir ! Pendant que les chercheurs dormaient paisiblement, elle a actionné sans relâche le mécanisme, jusqu'à ce que son petit corps n'en puisse plus. C'est ce que j'appelle mourir d'une belle mort !

Bien que, à mon avis, l'orgasme ne doit pas être le but systématique des parties de jambes en l'air (vous êtes tous les deux humains ; ni l'un ni l'autre ne pouvez espérer jouir à chaque fois), il est plutôt agréable d'en avoir. D'où ce chapitre, en espérant qu'il vous aide à avoir des orgasmes encore plus délicieux qu'avant.

Préliminaires pour vieux amants

Repensez à l'époque où vous vous êtes rencontrés. Les premiers rendez-vous (surtout celui avant que

! Qui fait le mieux l'amour ? Les couples pantouflards ou les fêtards ? Les études prouvent que les adeptes du cocooning font mieux l'amour et plus souvent.

vous ne couchiez ensemble) sont de longs préliminaires délicieusement excitants. Souvenez-vous des érections que vous aviez en la regardant traverser la pièce, des remarques de vos copines parce que vous le pelotiez en douce pendant les fêtes, des reproches des gens parce que vous n'arrêtiez pas de vous bécoter ? C'est ce à quoi nous aspirons tous. Malheureusement, ce désir qui vous aurait poussé à vendre votre mère et qui caractérise le début d'une relation disparaît trop vite, et le sexe se trouve souvent cantonné à un certain lieu et à un certain créneau horaire.

Parfois, c'est non seulement utile, mais nécessaire. Si vous venez de commencer un nouveau boulot, ça m'étonnerait que vous pensiez à mettre une petite culotte suffisamment sexy pour l'exciter le soir en rentrant. De son côté, s'il est submergé par les problèmes familiaux, il y a peu de chances pour qu'il vous fasse un strip-tease à la Chipendale avant le Journal de 20 heures. Mais le reste du temps – quand vous faites simplement face au train-train habituel – donnez au sexe la priorité qu'il mérite.

Apprenez par cœur les trois phrases suivantes. La zone la plus érogène est le cerveau. L'accessoire le plus érotique est l'imagination. Le plus excitant de tout est l'attente. Répétez encore une fois. Apprenez à associer les trois et, en un clin d'œil, vous ferez passer votre vie sexuelle de la routine à la luxure ! La plupart des gens limitent les préliminaires aux attouchements génitaux et au sexe oral. C'est une grave erreur. Les préliminaires peuvent démarrer à six heures du matin, se poursuivre pendant que vous êtes tous les deux au travail et se prolonger tout au long du dîner. Quand vous en êtes à *supplier* l'autre de vous toucher, c'est là que la phase physique peut débuter.

! *L'endroit préféré des couples pour faire l'amour, en dehors de la chambre ? La voiture, la plage ou la piscine.*

Vous vous dites qu'il ne doit pas y avoir grand-monde à faire ça. Vous avez raison, c'est rare. C'est pourquoi tant de gens vont voir ailleurs. Il est facile de reconnaître les gens qui se sont battus pour avoir une vie sexuelle épanouie. Ce sont vos voisins sexagénaires qui se tiennent par la main en contemplant leurs rosiers. Cette lueur ardente dans leurs yeux ne trompe pas. *Idem* pour ce couple d'amis que vous avez toujours envié parce que des étincelles semblent voler entre eux, bien qu'ils soient ensemble depuis cinq ans. Voilà comment ils y sont parvenus :

• **Alliez romance et érotisme**. Vous adorez qu'il vous offre des fleurs alors, pourquoi ne pas lui rendre la pareille ? Si vous pensez que ce n'est pas son genre, envoyez-lui un bon champagne, un grand cru ou du porto. Faites de cet acte d'amour un geste sexy. Ajoutez un petit mot expliquant en détail pourquoi il mérite une telle gâterie (pas parce qu'il a lavé la voiture, mais parce qu'il vous a fait un cunni d'enfer. Compris ?). Ajoutez, en post-scriptum, que vous mourez d'envie de recommencer ce soir.

• **Devenez une lectrice assidue.** Votre vie sexuelle vaut bien cent euros ! Allez dans une bonne librairie et offrez-vous une large sélection de livres. Vous en avez déjà ? Explorez d'autres domaines qui excitent votre libido : le sexe tantrique, les fantasmes, comment avoir douze orgasmes en une heure, etc. Rien ne vous oblige à les lire de bout en bout. Consultez-les de temps en temps, histoire de garder les idées fraîches et d'entretenir votre imagination. Pendant que vous y êtes, achetez un roman érotique. Trouvez les passages croustillants et lisez-les ensemble, histoire de faire monter la pression.

• **Si vous êtes sûre de vous**, parfumez-vous de vos fluides naturels. Non, je ne plaisante pas. Glissez vos doigts à l'intérieur de votre vagin, puis effleurez votre gorge, vos seins, vos lèvres. Il ne saura pas ce que c'est, mais il ne vous lâchera plus !

• **Pique-niquez au lit.** Mettez le champagne à rafraîchir dans un seau à glace, choisissez des aliments qui peuvent se manger avec les mains (des fruits, du chocolat) et mettez en route un bon vieux film érotique.

• **Une fois ne suffit pas toujours !** On parle beaucoup des femmes qui ont plusieurs orgasmes, mais les hommes aussi aiment ça. Faites l'amour un matin, un week-end, puis entraînez-le à nouveau au lit une heure après.

• **Pratiquez le sexe aquatique !** L'eau fait des merveilles : elle nous rend légers, souples, donne bon goût et parfume. Bien que je ne vous recommande pas de faire l'amour dans l'eau (cela assèche les parois vaginales et crée un effet de vide), la baignoire, un jacuzzi, une piscine ou la mer se prêtent parfaitement aux préliminaires.

• **Monsieur, soyez son esclave d'un jour.** Surtout si vous êtes fauché comme les blés et que son anniversaire approche. Il suffit de vous dévouer entièrement à elle et à son plaisir pendant une journée. Laissez-la vous donner des ordres sans vergogne, que ce soit lui servir un petit déjeuner érotique au lit, lui faire manger du raisin et des fraises à la romaine ou passer la journée exclusivement vêtu d'un slip Calvin Klein. De toute façon, vous n'avez pas droit à la parole.

• **Inspirez-vous d'*Histoire d'O*.** L'héroïne du roman apprend à ne pas tout donner à chaque fois qu'elle fait l'amour. Appliquez cette technique et, au lieu de décliner toute la gamme, du baiser à la pénétration, concentrez-vous sur une activité à la fois : des baisers et des caresses exclusivement (sans langue, ni pénis, rien que les doigts), du sexe oral sans pénétration, une pénétration sans sexe oral, etc.

• **Flirtez,** même si ça fait des années que vous êtes ensemble. Les spécialistes disent que le flirt provoque une montée d'amphétamines et d'endorphines naturelles, provoquant une « excitation » émotionnelle instantanée qui s'apparente à l'orgasme. Faites comme si vous veniez de le rencontrer et comportez-vous comme au début de votre relation. Habillez-vous sexy, regardez-le droit dans les yeux quand

! *L'amour fait mal ! 44 % des hommes et 41 % des femmes aiment se faire mordre pendant l'amour.*

Je ne sais pas pourquoi mais pendant une période, il y a trois mois, je ne pensais qu'au sexe. La plupart du temps, je me taisais, parce qu'on était chez la mère de Yann ou ailleurs. Puis, je lui en ai parlé, et ça a formidablement augmenté la tension sexuelle entre nous. Un jour, je l'ai appelé au travail en lui disant que j'étais en train de me masturber. Il a annulé un rendez-vous, est rentré à la maison et on a fait l'amour comme des fous. Ça n'avait jamais été aussi bon, même au début.

Hélène, trente-deux ans, mère de famille

il vous parle, tripotez vos cheveux. Soyez consciente de votre corps quand vous évoluez devant lui. Je parie qu'il réagira au quart de tour.

• **Envoyez-lui des mots doux.** Les petits mots font beaucoup d'effet. Placez-les un peu partout (de préférence pas juste avant la visite de sa mère) : dans le frigo, sur la bouteille de jus d'orange, dans sa sacoche ou sa trousse de maquillage. Décrivez dans chacun ce qui vous excite le plus en lui/elle. La fois suivante, notez les dix choses que vous aimeriez lui faire dans la seconde.

• **Titillez-le.** Vous avez des amis à dîner ? Plaquez-le contre le frigo, prenez son sexe en coupe dans vos mains et embrassez-le goulûment quand il vient vous aider dans la cuisine. Bavardez innocemment avec vos invités pendant qu'il se cache en attendant d'être présentable.

• **Sortez sans petite culotte.** C'est une idée lubrique que même les moins courageuses peuvent mettre à exécution. Il suffit de vous habiller pour sortir, et d'oublier de mettre un slip ! Vous pouvez le lui dire ou le lui montrer « accidentellement », en croisant les jambes comme Sharon Stone.

• **Vous vous ennuyez lors d'une sortie avec ses collègues ?** Rendez les choses infiniment plus intéressantes en feignant d'être malade et en l'emmenant avec vous dans la salle de bains. Quand vous daignerez enfin en sortir, vous vous sentirez beaucoup mieux.

• **Soyez voyeurs.** Madonna l'a fait alors, pourquoi pas vous ? Je parle de l'utilisation de miroirs comme accessoire. Madonna s'accroupissait et se masturbait au-dessus d'une glace posée au sol. Mais si la vôtre est sur la porte de l'armoire, vous aurez du mal à en faire autant. Essayez plutôt de faire l'amour devant une glace orientée de manière à ce que votre partenaire puisse vous voir et non le contraire, si vous êtes timide.

• **Soyez sa maîtresse.** Quitte à ce qu'il ait une liaison, autant que ce soit avec vous. Donnez-lui rendez-vous dans le bar d'un hôtel modeste, mais respectable. Réservez une chambre, commandez une bouteille de champagne et donnez dans l'illicite, l'interdit et le sauvage !

• **Mettez-vous dans l'humeur au préalable.** Masturbez-vous plusieurs fois dans la journée en pensant à ce que vous allez lui faire ce soir, de préférence en lui donnant moult détails au téléphone. Arrêtez-vous juste avant l'orgasme à moins que vous ne soyez un éjaculateur précoce. Si c'est le cas, masturbez-vous avant d'avoir un rapport, vous tiendrez le coup plus longtemps.

! Quel est le meilleur moment pour faire l'amour ? Le matin. Son taux de testostérone est au maximum vers neuf heures et, si vous êtes ensemble depuis un moment, vous êtes probablement au diapason. Le meilleur moment pour un orgasme féminin ? En milieu de cycle. Vous avez deux fois plus de chances de jouir parce que vos terminaisons nerveuses sont ultra-sensibles.

• **Souvenez-vous quand vous vous embrassiez.** C'est ce que vous faisiez au début de votre relation. Beaucoup de couples s'aperçoivent qu'ils cessent de s'embrasser au bout d'un certain temps ou se contentent d'un petit bisou avant de passer aux choses sérieuses. Un long baiser passionné peut vous exciter davantage qu'une plongée directe dans le pantalon. C'est plus intime qu'un rapport sexuel (ce qui explique pourquoi de nombreuses prostituées s'y refusent).

• **Faites l'amour habillés.** Caressez-vous à travers vos vêtements, glissez-lui une jambe entre les cuisses et laissez-le (la) se frotter dessus.

• **Poussez !** Il semble qu'une poussée des muscles vaginaux pendant les rapports déclenche l'orgasme chez de nombreuses femmes.

• **Ne fermez pas les yeux !** Regardez ce qui se passe quand vous faites l'amour, observez son visage, son sexe. Stimulez le sens de la vue autant que le toucher.

• **Soyez imprévisible.** Soyons clair. Il n'écarquillera pas les yeux d'étonnement si vous lui proposez de faire l'amour un samedi soir, au moment où vous vous mettez au lit. Mais vous le surprendrez, si vous vous blottissez derrière lui quand il est en train de laver la voiture, de faire la vaisselle ou de lire un livre. Commencez à le caresser, menez-le au bord de l'orgasme, puis dérobez-vous…

• **Ôtez le masque.** Pour un cadeau de Saint-Valentin vraiment original, rasez votre pubis en forme de cœur, ou complètement. La vision de votre sexe ainsi exposé risque de l'enflammer.

• **Excitez-le (la) dans les endroits les plus inappropriés.** Pas si facile que ça. Si le moment est bien choisi, ça fait des miracles, mais cela peut aussi se retourner contre vous. De nombreux ouvrages de sexologie conseillent de lui chuchoter des paroles suggestives dans l'oreille pendant que vous dînez dehors avec son patron, par exemple. Ça paraît terriblement érotique mais, en pratique, il y a des chances pour que son patron vous trouve horriblement grossier(ère) ou croit que vous vous moquez de lui parce qu'il a un truc coincé entre les dents. *Idem* si vous le faites par téléphone, à son travail. Le but, c'est de le (la) chauffer, pas de lui faire louper l'affaire du siècle. À essayer absolument mais après avoir bien évalué la situation.

• **Jouez l'anonymat.** Vous vous souvenez de ces masques rigolos que vous aviez achetés pour une fête costumée ? Retrouvez-les, mettez-les, riez un bon coup et faites l'amour… Laissez vos fantasmes s'exprimer pleinement, en faisant comme si vous ne vous connaissiez pas.

• **Réveillez-le (la) en sursaut** en lui léchant le sexe.

! Question : Que font la plupart des couples à 22h34 ? Réponse : L'amour. C'est l'heure moyenne déterminée par des chercheurs après avoir interrogé 198 couples sur la question.

• **Faites le premier pas.** Si c'est votre partenaire qui prend toujours les devants, vous lui envoyez le message suivant : « Je fais ça pour te faire plaisir, mais pas parce que j'en ai envie. » C'est très frustrant pour l'un comme pour l'autre. Celui qui prend l'initiative se sent plus sexy parce qu'il contrôle la situation et s'arroge le pouvoir. Vous avez dû voir suffisamment de films pour savoir que le pouvoir est un excellent stimulant sexuel. Prenez les commandes en faisant le premier pas et soyez maître de la situation tout du long. Dites-lui de se laisser aller pendant que vous vous occupez de tout le reste.

• **Mentez un peu.** Il est parti en voyage d'affaires ? La prochaine fois qu'il appelle, tard le soir, oubliez l'habituel « Qu'as-tu fait aujourd'hui ? » pour lui décrire en détail ce que vous portez. Non, pas votre vieux tee-shirt Snoopy et vos grosses chaussettes blanches mais un slip et une combinaison en soie noire. Dites-lui ensuite ce que vous comptez lui faire à la minute où il arrivera. Plus c'est explicite et coquin, mieux c'est.

• **Glissez-vous dans des draps de satin.** C'est si kitsch que c'en est presque tendance, mais leur effet contre la peau nue est très excitant. L'acte sexuel met à contribution tous les sens et les draps en satin permettent, entre autres millions de choses, de les attiser. Sollicitez un sens à la fois, variez les plaisirs, et vous ne vous ennuierez plus jamais au lit. Mettez de la musique pour le relaxer. Parlez-lui pendant que vous lui faites l'amour en lui relatant, détail après détail, ce qu'il (elle) vous fait ressentir. Stimulez son odorat en brûlant des bâtons d'encens, en vous parfumant ou en le laissant respirer l'odeur naturelle de votre corps. Pour des caresses encore plus excitantes, utilisez vos cheveux, des plumes, des foulards ainsi que le bout des doigts. Ouvrez-lui l'appétit avec des aliments, du champagne et toutes les parties de votre corps.

Je suis marié depuis neuf ans, mais je pourrais regarder Sonia se déshabiller un million de fois sans jamais me lasser. Elle est très distraite et ne se rend pas compte que je l'observe. J'adore voir ses seins et la façon dont elle se recoiffe en faisant la moue devant la glace, complètement nue... même si, tout ce qu'elle veut, c'est dormir.

Quentin, quarante-trois ans, architecte

• **Organisez un week-end coquin.** Rien ne vaut un stage intensif de galipettes dans un immense lit pour sauver une vie sexuelle en perte de vitesse. Réservez une chambre dans le meilleur hôtel que vous puissiez vous offrir, allez le (la) chercher au travail et disparaissez dans le soleil couchant pour un week-end qu'il (elle) n'est pas près d'oublier.

• **Habillez-vous pour le rendre fou.** Il adore le rouge à lèvres écarlate, les bas noirs et les hauts talons ? Alors, sortez le grand jeu ! N'importe quel petit sous-vêtement noir fera l'affaire. Un soir, jouez à la vamp en le caressant avec vos cheveux ou sous la table. Elle fond quand elle vous voit vous balader dans la maison torse nu et en jean ? Faites-lui plaisir ce week-end, à moins qu'il ne fasse un froid de canard.

• **Promettez-vous d'essayer un truc nouveau tous les quinze jours.** Si vous êtes trop timides pour suivre mes suggestions, commencez par des choses simples. Prenez un bain ensemble, massez-vous mutuellement les pieds, enlevez son chemisier ou sa chemise sans les mains. Une fois que vous vous sentirez plus à l'aise, vous pourrez, par exemple, faire l'amour les mains attachées dans le dos ou (le grand numéro) vous masturber l'un devant l'autre. Demandez-lui de vous lécher les doigts pendant que vous vous masturbez. Vous serez moins gêné(e) et ça vous excitera encore plus.

• **Déshabillez-vous avec art avant de vous mettre au lit.** Peu importe ce que vous portez, ce qui compte, c'est la façon de l'enlever. Déboutonnez votre chemisier lentement, étirez-vous avec volupté en enlevant votre pull, prenez appui sur le lit pour ôter vos collants. Une fois nue, admirez-vous longuement dans la glace en promenant vos mains sur vos seins et vos hanches. Cela l'obligera à vous regarder et estompera l'aspect familier de la scène. Cela vous aidera aussi à avoir une meilleure image de vous-même.

• **Sucez-lui les doigts comme si c'étaient autant de petits pénis.** Et vous, monsieur, faites tourner langoureusement votre langue sur sa paume comme s'il s'agissait de son sexe.

• **Apprenez à adorer le sexe oral.** Ne vous bornez pas à le faire pour lui plaire : aimez ça ! Rêvez-en, concentrez-vous, faites du bruit pour lui montrer que ça vous excite autant que lui (elle). Passez de la pénétration au sexe oral et vice versa, pour augmenter et diversifier le plaisir.

! *Que font la plupart des femmes juste après l'amour ?*
43 % prennent une douche
20 % se lavent les dents
30 % s'endorment
7 % fument une cigarette

• **Si vous êtes excité(e), montrez-le.** Rien n'est plus stimulant que de voir son (sa) partenaire excité(e). S'il (elle) vous rend folle (fou), montrez-le-lui. Ou mieux encore, dites-le-lui.

Ça suffit comme ça ! Au milieu de tant de volupté, je crois utile de préciser que personne ne peut être une bombe sexuelle à chaque fois. Si vous n'avez pas envie de faire l'amour, dites-le-lui, et vice versa. De cette façon, personne ne se sentira coupable et ça vous évitera des déceptions.

Le point G : mythe ou réalité ?

Tout commence en Allemagne, en 1944, lorsque Ernst Grafenberg publie un article affirmant qu'il existe, au niveau de la paroi supérieure du vagin, une zone si sensible qu'elle déclenche un orgasme à chaque stimulation. Les critiques de ses collègues sont si vives qu'il décide de se taire. Fin du premier épisode. Quarante ans plus tard, une équipe de psychologues américains déclare, à son tour, que les femmes peuvent avoir plusieurs orgasmes, sans attouchements clitoridiens, en stimulant cette même zone. De nouveau, la nouvelle reste sans effet.

Depuis, les recherches ont prouvé que les parois vaginales sont d'une grande sensibilité et qu'il existe, sans aucun doute, une « zone cachée » qui procure un plaisir extrême quand on le stimule chez certaines femmes, car toutes les femmes n'en ont pas. Le point G de l'homme (il fallait bien qu'on en parle !) est moins sujet à polémique. Tout le monde semble d'accord pour dire qu'il se trouve au niveau de la prostate.

Pour revenir aux femmes, le débat fait toujours rage. La plupart des sexologues sont convaincus que le point G existe. D'autres rétorquent, agacés, que c'est un vieux mythe. Ça vaut quand même la peine d'aller voir, vous ne trouvez pas ? Alors, en route...

Comment trouver le point G d'une femme ?

Il s'agit d'un petit amas de terminaisons nerveuses et de glandes proches de l'urètre (la voie urinaire) de la femme. Comme il n'enfle que lorsqu'il est stimulé, on a généralement du mal à le sentir.

Pour le trouver vous-même, accroupissez-vous ou asseyez-vous sur le siège des toilettes. Insérez un doigt dans votre vagin (bien lubrifié) en le courbant de manière à toucher la paroi frontale (imaginez que vous visez votre ventre). Tâtonnez un peu en espérant que votre point G se mettra à gonfler. Il vous sera alors plus facile de le repérer. Il s'agit d'une boule compacte qui fait, selon les spécialistes, environ la taille d'un gros pois.

Certaines femmes trouvent cette première stimulation

du point G particulièrement désagréable. Elle peut en effet produire des effets comparables à l'envie d'uriner. Prenez vos précautions avant ou installez-vous sur les toilettes. Si vous arrivez à vous relaxer, cette sensation disparaîtra.

> *La première fois que j'ai fait l'amour avec Serge, il s'est mis à farfouiller dans mon vagin avec son sexe. Je me suis demandé ce qu'il fabriquait. La troisième fois, j'ai enfin compris qu'il cherchait mon point G. Et il l'a trouvé. Ça ne suffit pas à me faire jouir, mais quand il stimule en même temps mon clitoris, c'est démentiel.*
>
> Marie, vingt ans, secrétaire

Maintenez votre doigt immobile, d'abord, puis faites des essais. N'appuyez pas trop fort, ni de façon constante. Préférez plutôt un mouvement doux et caressant. Effleurez votre point G de gauche à droite, puis de droite à gauche, ou en esquissant des cercles. En d'autres termes, arrangez-vous pour que votre doigt *passe dessus* sans s'y arrêter vraiment. Les orgasmes liés au point G ne font pas le même effet que les orgasmes clitoridiens. Si vous en avez un, vous « éjaculerez » sans doute un peu de liquide clair (qu'il ne faut pas confondre avec de l'urine).

Pour que votre partenaire trouve votre point G, le mieux est de vous allonger sur un lit, les fesses calées sur des oreillers. Cela lui facilitera les choses. Pour le reste, il n'a qu'à suivre les instructions ci-dessus. Une fois qu'il l'aura trouvé, il pourra associer la stimulation du point G à un cunnilingus ou à une masturbation. Pendant un rapport sexuel, le mieux, certainement, d'après moi, pour atteindre cette zone, est de vous mettre sur lui ou d'opter pour la levrette.

Comment trouver celui d'un homme ?

Ce n'est pas parce que vous n'avez pas trouvé le vôtre qu'il faut renoncer à trouver le sien (cela pourrait d'ailleurs vous fournir des indices).

Comme le point G féminin, celui de l'homme se trouve près de l'urètre. Contrairement au nôtre, il a un nom scientifique (« prostate ») et une fonction organique. Autre différence : si nous sommes en mesure de trouver le nôtre, il n'en est pas de même pour lui car son point G se trouve au fond de son rectum. Il peut essayer d'insérer son pouce dans l'anus et d'appuyer contre la paroi frontale (couché sur le dos, les jambes pliées, les pieds à plat par terre ou les genoux remontés vers la poitrine), mais c'est nettement plus simple si vous officiez à sa place.

Appliquez un peu de lubrifiant sur votre doigt (bien propre et l'ongle coupé net) et demandez-lui de s'allonger sur le dos. Insérez délicatement le doigt dans son anus, puis tâtez la paroi frontale jusqu'à ce que vous trouviez une sorte de renflement. Maintenez votre doigt immobile en attendant que votre partenaire se détende, puis massez fermement son point G de haut en bas. Pour plus de confort, il peut remonter les genoux contre sa poitrine.

Il risque de mettre un peu de temps à jouir (d'où l'intérêt d'être confortablement installés) mais ça vaut la peine d'essayer. Si ça marche, vous aurez la primeur de le faire jouir sans toucher son pénis. Les fans affirment que les orgasmes produits par le point G sont plus intenses et qu'au lieu de jaillir en saccades, le sperme sort en jet continu.

Quand vous serez devenue une experte, essayez de masser son point G en lui faisant une fellation ou de le stimuler quand il est en vous, pendant l'amour.

Petite remarque sur l'hygiène : lavez-vous toujours les mains après avoir inséré un doigt dans l'anus de votre amant(e). Si vous saisissez son sexe dans la foulée, vous risquez d'y transférer des bactéries.

Plus profond, plus long... toujours plus !

Augmentez le nombre et l'intensité de vos orgasmes en suivant les consignes suivantes.

• **Ne précipitez pas les choses.** Plus vous consacrerez de temps aux préliminaires, meilleur ce sera pour vous deux.

• **Ralentissez sa cadence, accélérez la vôtre.** Vous l'enviez à le voir jouir avec une telle facilité ? Il est jaloux de votre aptitude à rester dans la phase « Oh, doux Jésus, je vais... » pendant des heures ? Tout ce qui peut retarder son orgasme accroîtra son plaisir. Tout ce qui peut vous en rapprocher augmentera potentiellement le vôtre.

• **Apprenez-lui à se contrôler.** Pendant que vous le stimulez, dites-lui de vous indiquer sur une échelle de un à dix (dix étant le point de non-retour) ce qu'il ressent. Rendez-le dingue en l'expédiant au niveau sept ou huit, puis ralentissez et ainsi de suite jusqu'au feu d'artifice final.

! L'amour se fait souvent sur le mode « trois-deux-un » : trois minutes de préliminaires, deux minutes de pénétration et un orgasme (le sien).

• **Alternez le sexe oral et la pénétration.** S'il est à deux doigts de jouir, passez à autre chose ! Demandez-lui de vous faire un cunnilingus le temps qu'il reprenne ses esprits.

• **Touchez fréquemment son pénis.** Plus votre main, votre langue ou votre sexe le toucheront, moins il sera sensible et plus il tiendra le coup longtemps.

• **Oubliez l'heure.** Arrêtez de vous demander si sa langue s'est engourdie et surtout, évitez de vous dire « Il faut que je me dépêche de jouir, sinon il va rater le foot ». Le meilleur amant du monde est celui qui dit à sa partenaire : « Prends ton temps, ma chérie. J'aime ça autant que toi », surtout s'il est sincère ! On ne peut rien contre la nature. Vous devez accepter l'un et l'autre qu'il est plus difficile pour une femme que pour un homme d'atteindre l'orgasme.

• **Laissez-la prendre une longueur d'avance.** Faites-la jouir oralement ou manuellement avant de la pénétrer. Et vous, madame, faites de même afin que son orgasme pendant le rapport dure plus longtemps.

• **Ne vous donnez pas trop de mal et ne vous angoissez pas si vous n'avez pas joui.** Vous vous souvenez de l'époque où vous étiez enfant et où vous essayiez de toucher l'arc-en-ciel ? Les orgasmes sont aussi fugaces. « Allez, juste un peu plus haut », vous dites-vous, « et ça marchera » et pouf, le voilà parti. Beaucoup de femmes progressent régulièrement vers l'orgasme, puis quelque chose vient tout gâcher. « Flûte, j'ai oublié l'anniversaire de Julie, la semaine dernière ! » vous lance votre cerveau à l'instant crucial. Ou alors, vous entendez rentrer votre colocataire ou vous pensez à cette entrevue difficile qui vous attend, demain, avec votre patron. Vos chances d'orgasme disparaissent alors, pas pour toujours, mais certainement pour cette fois. Il se produit la même chose si votre partenaire change de technique ou de cadence au mauvais moment. Le grand feu d'artifice n'a pas lieu. Insister ne fera qu'aggraver les choses. Dites-vous plutôt que vous jouirez la prochaine fois (en vous assurant que c'est le plus tôt possible). Si vous stressez, si vous commencez à vous tourmenter en pensant : « Ça y est. Ça va être pareil à chaque fois. Je suis devenue frigide ! », vous risquez de transformer ce petit incident en un véritable blocage psychologique.

• **Masturbez-vous avec lui plutôt que seule.** Si vous n'avez pas eu d'orgasme pendant les rapports, offrez-vous-en un après en lui demandant de vous regarder ou de placer sa main sur la vôtre.

• **Ne traitez pas son clitoris comme un bouton d'ascenseur.** Certains hommes pensent que plus ils appuient dessus, plus vite vous monterez au septième ciel (ça ne marche d'ailleurs pas non plus pour les ascenseurs !). La plupart des femmes préfèrent qu'on leur caresse la base du clitoris plutôt qu'on le leur touche directement.

• **Mettez-vous en condition en vous excitant psychologiquement avant l'acte.** Quand il bavarde avec des amis, songez à ce que sa langue vous fera plus

! L'orgasme accélère la circulation sanguine, vivifie le teint, améliore le tonus musculaire et apaise, dans certains cas, les douleurs prémenstruelles. La bouffée de plaisir procure bien-être et détente.

tard, à ses doigts qui seraient cent fois mieux en vous plutôt qu'autour d'une pinte de bière.

• **Cessez d'avoir peur d'être ridicule.** Si votre partenaire n'est pas du genre avec qui on peut se laisser aller sans crainte d'être critiqué(e), ce n'est sans doute pas le bon. Ni dans votre lit, ni ailleurs.

• **Donnez-vous des indications.** Pas comme un officier qui crierait : « À gauche, gauche ! » ou « À droite ! », mais plutôt avec des : « Hum, c'est bon quand tu fais ça lentement ! » ou « C'est super. Vas-y un peu plus fort ! ».

• **Masturbez-vous davantage.** Les spécialistes affirment que ça augmente la libido car plus on a d'orgasmes, plus le corps en réclame.

• **Faites du bruit.** C'est très excitant.

• **Soyez bien lubrifiée.** Un vagin sec ne veut pas forcément dire que vous n'êtes pas excitée. Cela dépend aussi de votre état de fatigue, du stress et de votre cycle menstruel. Acceptez de recourir, à l'occasion, à un lubrifiant (en gel, par exemple).

• **Adoptez la technique de Kegel.** Elle consiste, pour les femmes, à contracter leur vagin et à mieux contrôler leur orgasme et, pour les hommes, à jouir plus souvent. Serrez quelques instants le muscle que vous utilisez quand vous avez une envie pressante et qu'il n'y a pas de toilettes à l'horizon. Il s'agit du muscle pubo-coccygien. Les experts prétendent que les hommes passés maîtres de cette technique peuvent avoir des orgasmes multiples. Ils doivent, pour cela, contracter ce fameux muscle pendant cinq secondes lorsqu'ils sont au bord de l'orgasme. Il semblerait que cela retarde l'éjaculation tout en permettant de ressentir mentalement un orgasme. Ils doivent ainsi, a priori, pouvoir jouir plusieurs fois avant d'éjaculer.

- **Serrez-le bien fort.** En serrant la base du pénis fermement pendant quelques secondes, on peut retarder l'éjaculation.

- **Fantasmez sans complexe.** Beaucoup d'hommes et de femmes ont recours aux fantasmes pour s'envoyer en l'air. Certains, même, n'y parviennent pas autrement. Cessez de vous culpabiliser ! Votre partenaire ne peut pas lire dans vos pensées, alors...

Massages sexuels spécial nirvana

Bien que les massages sexuels existent depuis des milliers d'années, la société occidentale ne les a découverts que récemment et s'est, bien entendu, empressée de les occidentaliser. La version authentique s'inspire directement du *Kama Sutra* et de la sexualité tantrique et est précédée de toutes sortes de rituels bizarres et complexes. En ce qui nous concerne (et parce que, franchement, je ne trouve pas très sexy de se souffler mutuellement dans la bouche), nous entrerons tout de suite dans le vif du sujet. Les termes utilisés risquent de vous faire rire, mais ces techniques simples sont faciles à apprendre et ont vite fait de transformer le partenaire le plus médiocre en un amant super. Vous aurez peut-être besoin d'avoir le livre à vos côtés les premières fois pour suivre les instructions, mais, une fois que vous aurez tout assimilé, vous deviendrez un(e) de ces amant(e)s qu'on n'oublie pas !

POUR ELLE

La majorité des hommes adoptent une position de domination pendant l'amour. Les massages érotiques expliqués ci-dessous leur procureront un plaisir fou, car ils leur permettront d'expérimenter des sensations totalement nouvelles. Plutôt que de faire tout le travail pendant que vous êtes allongée, il se détendra et découvrira les délices des caresses, pendant que vous prendrez les choses en main.

La plupart de ces techniques fonctionnent mieux lorsqu'il est couché sur le dos, les jambes écartées, détendues, et que vous vous agenouillez entre elles. Vous aurez besoin de beaucoup d'huile de massage (un produit à base d'eau, en vente dans la plupart des sex-shops, serait idéal, mais on peut le remplacer par tout type d'huile non parfumée pour le corps). Demandez-lui de vous décrire ce qu'il ressent tout au long du massage et faites-lui préciser les caresses qu'il préfère. Observez son visage et soyez attentive à ses réactions. Le but n'est pas de

! *Temps moyen consacré aux préliminaires par deux tiers des couples : entre six et vingt minutes. Nombre d'hommes qui considèrent qu'il est possible d'avoir une vie sexuelle épanouie sans pénétration : 43 %.*

le faire jouir le plus vite possible mais de l'inciter à s'abandonner tout entier au plaisir que vous lui donnez. S'il semble perdre le contrôle, cessez vos caresses et posez les mains à plat sur son sexe. Maintenez-les-y fermement, sans pression, pendant trente secondes environ. Si, au contraire, vous voulez l'expédier dans la cinquième dimension, accélérez la cadence.

La spirale

C'est une technique géniale s'il a du mal à avoir une érection.

Tenez la base de son pénis d'une main et empoignez-le fermement de l'autre. En commençant par le bas, glissez jusqu'en haut en effectuant un mouvement de torsion circulaire vers le gland (pensez à un tire-bouchon : il faut imiter le geste de quelqu'un qui déboucherait une bouteille).

Une fois parvenue au gland, caressez-en toute la surface avec la paume de la main. Procédez toujours en douceur et de bas en haut.

La caresse de douze heures

Réservez-la pour le moment où il est au comble de l'excitation, en pleine érection. On l'appelle la caresse de douze heures parce qu'elle suit un mouvement ascendant, en ligne droite.

Ouvrez la main de manière à ce que vos doigts et votre pouce décrivent un L. Glissez votre main sous ses testicules de sorte qu'ils reposent dessus (si vous vous servez de votre main gauche, vos doigts seront à gauche

Ma copine s'investit énormément dans notre vie sexuelle. Chaque fois que nous faisons l'amour, elle invente un truc nouveau : une position, une technique, un endroit. Au début, ça m'effrayait. Je ne pouvais pas m'empêcher de penser qu'elle avait fait ça avec quelqu'un d'autre (ou me trompait et découvrait ainsi de nouveaux trucs). Puis, j'ai compris qu'elle avait beaucoup d'imagination et adorait le sexe. En dehors de ça, je ne la supporte pas, mais pas question que je la quitte.

Nicolas, dix-neuf ans, mécanicien

et votre pouce à droite) et levez un peu la main pour les soulever légèrement.

La paume tournée vers le bas, écartez les deux premiers doigts de l'autre main pour faire un V, glissez son pénis au milieu et remontez vers le gland. Inclinez la main de façon à ce qu'elle affleure toute la longueur du pénis. Cette caresse doit toujours se faire de bas en haut. Une fois parvenue au gland, reposez la main à la base du pénis. Ne vous concentrez pas seulement sur la partie centrale du sexe, essayez de caresser aussi les côtés.

Le feu

C'est l'ultime étape parce que, à ce stade, il est quasi certain de jouir.

Imaginez que vous avez un bâton entre les mains et que vous voulez faire du feu avec. Commencez par placer vos mains de part et d'autre de son sexe. Glissez de la base jusqu'en haut en effectuant un mouvement de roulementfriction, puis redescendez en conservant un rythme constant et soutenu. Son pénis prendra naturellement place entre vos paumes. Commencez lentement, puis augmentez la pression et accélérez quand il approche de l'orgasme.

POUR LUI

Considérez ces massages comme un cadeau sensuel plutôt que de simples préliminaires. Cela finira peut-être par une pénétration, mais elle risque de mieux en profiter si elle ne se sent pas contrainte de faire l'amour après. Comme les massages qui vous concernent, les féminins fonctionnent mieux quand elle est couchée sur le dos et que vous vous agenouillez entre ses jambes. Placez des oreillers sous ses genoux pour que ses jambes s'écartent naturellement : c'est plus confortable et elle se sentira moins vulnérable et moins exposée.

N'utilisez pas d'huile pour le vagin, mais un lubrifiant liquide, léger, non gras comme on en trouve dans les pharmacies et les sex-shops. Réchauffez-le en le frottant entre vos mains.

Demandez-lui de vous indiquer les caresses qui lui font le plus d'effet et si elle préfère une pression forte ou légère. Si vous n'êtes pas sûr de vous, commencez en douceur. Elle appuiera probablement sur votre main si elle désire davantage de pression. Maintenez une cadence régulière et ne sautez pas d'une technique à l'autre. Observez son visage : s'il est détendu, c'est qu'elle l'est aussi.

N'oubliez pas que les massages érotiques ne sont pas

! *75 % des femmes disent atteindre plus facilement l'orgasme grâce aux préliminaires plutôt qu'à la pénétration. Plus de la moitié des lecteurs de* Penthouse *déclarent qu'en consacrant plus de temps aux préliminaires, ils auraient probablement des orgasmes plus intenses.*

censés remplacer les préliminaires. Si vous y recourez à chaque fois que vous faites l'amour, vous retomberez de nouveau dans la routine. Adaptez vos caresses à ses désirs, combinez les techniques, inventez-en de nouvelles, puis expédiez-la au septième ciel !

La caresse à deux doigts

Cette technique est la plus simple et la plus facile pour lui donner du plaisir.

Posez le pouce et l'index près de son clitoris, sur les petites lèvres. Faites le tour de son clitoris avec les autres doigts comme les aiguilles d'une montre. Massez-la régulièrement, à la verticale, de part et d'autre de la vulve, en maintenant une cadence régulière.

Quand elle écarte davantage les jambes et appuie sur votre main ou soulève son bassin, c'est qu'elle est prête pour une véritable stimulation clitoridienne.

Le tour du cadran

Pour simplifier les choses, imaginez un cadran de l'horhoge sur son sexe, le point le plus haut (près de la toison pubienne) désignant douze heures et le point le plus bas (près du vagin) figurant six heures. Quand elle vous précisera ce qui lui fait du bien, vous n'aurez qu'à retenir l'emplacement (trois heures... neuf heures...). En outre, elle pourra vous diriger plus facilement. Cette technique est un dérivé de la méthode tantrique originale, conçu par Annie Sprinkle, une gourou controversée, mais ô combien inventive !

Décrivez, du bout du doigt, des mouvements circulaires autour de son clitoris. Prolongez ces mouvements sur toute la longueur du vagin, en décrivant des cercles de plus en plus grands et en alternant caresses, frottements et titillements. Remontez ensuite vers le clitoris et tracez délicatement des cercles dessus. Certaines femmes n'aiment pas les stimulations clitoridiennes directes. Si c'est le cas, demandez-lui où elle préfère être touchée en vous servant de l'image du cadran.

Tirez doucement sur son clitoris, en le prenant délicatement entre les doigts. Il ne se laisse pas facilement attraper, mais la sensation est divine !

La découverte du jardin

Il s'agit d'une double caresse, stimulant en même temps le point G et le clitoris, ce qui amène la plupart des femmes à l'orgasme.

Insérez un doigt (ou deux) dans son vagin parfaitement lubrifié en le recourbant vers la paroi frontale (imaginez que vous visez l'estomac). Maintenez-le immobile quelques secondes. Même si elle se met à bouger pour mieux le sentir, n'exercez aucune pression jusqu'à ce qu'elle soit parfaitement détendue.

Le point G ressemble à une petite bosse, un peu dure. Sous l'effet de l'excitation, il se gorge de sang et devient plus sensible. Quand vous l'aurez trouvé, caressez-le du bout du doigt, comme pour lui signifier : « Viens par là ! » N'appuyez pas trop fort ni de façon constante, une douce caresse est beaucoup plus agréable. Essayez une trajectoire en zigzag, de manière à ce que votre doigt passe dessus sans trop s'y appesantir.

De l'autre main, faites le « tour du cadran » en encerclant le clitoris avec le majeur, le pouce (ou un vibromasseur à surface plane). Tentez un mouvement de va-et-vient, directement dessus, quand elle est sur le point de jouir.

Cher journal. Aujourd'hui, j'ai fait l'amour et c'était...

Robert

Robert, trente-cinq ans, s'est séparé de sa femme il y a trois ans. Il est cadre financier dans une société bancaire et décrit sa vie sexuelle comme « active, mais sélective ».

Première semaine

J'ai fait l'amour avec Sarah, et tout du long j'ai pensé à Linda. Linda est une femme mariée avec qui j'ai eu une liaison l'année dernière, mais elle hante toujours mes pensées. C'est un de mes collègues qui me l'a présentée, à une réception. On a fini la soirée complètement saouls, à se peloter sur le balcon. Son mari était au travail. Elle était si belle et si hautaine que j'ai cru que ça s'arrêterait là. Mais elle m'a appelé peu de temps après pour savoir si elle pouvait passer prendre un café. On a donc commencé à se voir, à s'embrasser, à se caresser, et puis, un jour, elle a débarqué et s'est déshabillée de la tête aux pieds avant de se blottir contre moi. Je devinais ses intentions, mais je ne voulais pas en prendre l'initiative. Elle était mariée, avec toute la culpabilité que ça implique. On a finalement fait l'amour, mais elle ne s'est pas complètement abandonnée bien qu'elle ait joui facilement. J'ai joui aussi, même si j'étais nerveux comme pas permis. Pour une raison que j'ignore, elle n'a pas voulu de préliminaires. On s'est embrassés, touchés et hop, il a fallu que je la pénètre tout de suite. Ça m'a un peu déstabilisé. Je ne suis pas le genre d'homme qui saute sur sa proie à peine dévêtue. Elle a mis fin à notre liaison peu de temps après. Nous n'avons fait l'amour que trois fois. Je m'y attendais. Je savais que ça finirait comme ça. Mais je ne l'ai pas oubliée. J'aimerais de nouveau sortir avec une fille aussi belle et susciter l'admiration des autres. C'est très valorisant.

Sarah est sans doute plus douée et elle sait très bien faire les fellations. Elle est tout le contraire de Linda : elle veut une véritable relation et s'y investit à fond. La première fois que j'ai couché avec Sarah, son fils de six mois était dans la même pièce que nous. J'étais un peu gêné mais le gosse dormait à poings fermés. Pas facile d'être excité dans ces conditions. J'étais mal à l'aise et j'évitais de regarder dans sa direction. Mais j'ai admiré la détermination de Sarah. C'est moi, le coupable, maintenant. Sarah m'aime, je l'aime, mais quand on fait l'amour, je pense à Linda.

Deuxième semaine

Sarah est partie une semaine dans sa famille. J'en ai profité pour aller boire un verre avec des copains. Au bar, il y avait une fille typée et très excitante. On a bavardé et on a échangé nos numéros de téléphone. Elle s'appelle Cristina et est originaire d'Amérique du Sud. C'était vendredi dernier. Mardi, elle m'a appelé à 23 h 30 pour me dire qu'elle se sentait seule et avait besoin de compagnie. J'étais déjà couché, mais elle m'a dit qu'elle n'avait pas le moral, alors je suis allé la voir. Elle vit dans un loft qui domine la ville. Ses colocataires étaient sorties. Elle est venue m'ouvrir, revêtue d'un déshabillé en dentelle, m'a poussé vers le canapé et s'est jetée sur moi. Puis, elle m'a entraîné sur le balcon, et cinq minutes après être arrivé, je me suis retrouvé le pantalon sur les chevilles en train de me faire faire une fellation en admirant la vue. Elle m'a conduit dans sa chambre où il y avait un miroir dans lequel elle n'arrêtait pas de se regarder. Elle a voulu qu'on le fasse en levrette et n'arrêtait pas de répéter : « Prends-moi ! Prends-moi comme une bête ! » Je me suis dit qu'il faudrait que j'écrive à *Penthouse.* C'était comme ces lettres incroyables qu'on lit dans le courrier des lecteurs. J'ai pris son numéro de téléphone bien qu'elle ne soit visiblement intéressée que par des aventures d'un soir. Je crois que c'est la première fois que je fais l'amour sans sentiments. J'espère toujours que ça mènera à quelque chose. J'ai tout raconté à mes copains. L'un d'eux m'a dit : « Ça a dû être le meilleur coup de ta vie ! » Je crois que oui parce que c'était si inattendu. Mais j'ai tendance à dire ça à chaque fois. Au début, je croyais que ma femme faisait de superfellations, puis j'ai pensé que c'était Linda et enfin Sarah. Maintenant, c'est Cristina.

Troisième semaine

Sarah est rentrée. Je pensais la retrouver reposée, bronzée et avide de sexe. Au lieu de ça, elle est irritable et crevée parce qu'elle a eu une semaine d'enfer. Nos rapports sont minables car elle n'est pas réactive. Je déteste ça. Ça me rappelle la fois où cette fille m'a conduit de son salon à sa chambre en me tenant par le pénis. Comme elle prenait l'initiative, je me suis dit que ça allait être d'enfer. Mais, lorsque je l'ai pénétrée, elle est restée immobile, comme morte. J'ai cru qu'elle avait trop bu, mais de là à ne rien sentir ! Elle ne pouvait pas s'ennuyer, on venait juste de commencer ! Bref, ça a été l'expérience sexuelle la plus horrible de ma vie et ça m'embête que Sarah me rappelle cette fille. Sarah veut s'engager plus sérieusement avec moi, mais moi je ne sais pas. Je me sens poussé à prendre une décision et je ne suis pas sûr non plus de vouloir m'occuper d'un autre enfant. J'en ai déjà deux.

Quatrième semaine

Cristina a appelé, et c'est Sarah qui lui a répondu. J'ai eu du mal à les calmer. Il faut dire que je leur ai servi une histoire minable. Curieusement, Cristina m'en voulait de ne pas lui avoir parlé de Sarah. C'est un peu fort : elle a plongé si vite sur mon sexe que je n'ai pas eu le temps de dire quoi que ce soit. Je me sens coupable et le pire, c'est que je m'en veux de me sentir comme ça. Je n'ai jamais promis à Sarah de lui être fidèle (c'est elle qui s'est mis ça en tête) et

Cristina voulait visiblement avoir du bon temps. Je termine le mois comme je l'ai commencé : en fantasmant sur Linda. Même si elle était mariée, au moins, je savais à quoi m'en tenir.

Ma vie sexuelle est... Dix mille fois plus intéressante que quand j'étais marié. Ma femme était du genre traditionnel. Elle ne connaissait que la position du missionnaire. Je n'avais pas beaucoup d'expérience quand je me suis marié, alors je rattrape le temps perdu en privilégiant la qualité à la quantité. Je trouve les femmes beaucoup plus libérées et sensuelles qu'avant. Parfois, ça m'effraie car j'ai peur de ne pas être à la hauteur de leurs attentes. Ça doit être pour ça que j'aime tant les préliminaires. Je sais que je maîtrise très bien le cunnilingus. Et puis, un rapport reste un rapport et les vagins se ressemblent quand même beaucoup. Je n'ai connu qu'une fille qui sortait du lot : elle avait un étau à la place du vagin. Comment elle me l'agrippait !

5

À couple de tous les jours, sexe exceptionnel !

Monogamie ne doit pas rimer avec monotonie. Le sexe peut au contraire s'améliorer avec les années. Mais ce n'est pas si simple. Il faut faire preuve d'imagination et de ténacité pour réintroduire un peu de nouveauté dans une relation qui dure depuis des années. Autant vous l'avouer, au début ce sera difficile. Si vous vous ennuyez à crever ensemble, il va falloir faire preuve de bonne volonté pour arranger ça. Une ou deux nuits d'amour plus tard, ça vous paraîtra déjà moins dur parce que vous aurez des résultats. Un mois plus tard, vous vous souviendrez à quel point vous aimiez faire l'amour. Six semaines plus tard, vous sourirez en pensant à vos frasques de la veille. Et deux mois plus tard ? Vos amis vous appelleront pour vous demander ce que vous devenez.

Lumière, érection... on tourne

Il y a très, très longtemps, vous rêviez de votre instituteur enduit de confiture de framboise ? C'est typiquement le genre de fantasmes dont il faut parler en couple quand on est ensemble depuis longtemps. Il est en effet indispensable de parler de sexe à cœur ouvert à condition d'être certain que vos pensées les plus secrètes ne feront pas de vous la risée de ses futures conquêtes.

Nous sommes des milliers à utiliser nos fantasmes pour atteindre l'orgasme. C'est pourquoi les révéler et les mettre en pratique peut réveiller la bête de sexe qui sommeille en vous. Serveuse provocante, infirmière nymphomane, dominatrice, beau gosse soumis qui vous lèche les bottes, esclave sexy, sultan, motard baraqué ou femme d'affaires en déshabillé de dentelle : trouvez le rôle qui vous convient et faites comme dans les films. Mais surtout, ne filmez pas ! « Mais c'est rien que pour nous ! », dites-vous en roucoulant, les yeux dans les yeux. Parfait. Alors, imaginez ce qui se passera quand vous le larguerez pour son meilleur ami et que la cassette atterrira dans la boîte aux lettres de votre chère maman.

Comment suggérer ce jeu de fantasmes ou trouver ceux qu'il (elle) voudrait mettre en scène ? Choisissez un moment où vous serez calmes et détendus et dites que vous avez fait un rêve érotique fabuleux la nuit dernière. Racontez-le-lui en détail et observez sa réaction. S'il (elle) semble légèrement excité(e), avouez-lui que vous en rêvez depuis longtemps et demandez-lui quels sont ses fantasmes à lui (elle). Une fois dans le vif du sujet, il est assez facile de dire : « C'est une superidée. Si on essayait, pour s'amuser ? »

! *55 % d'hommes contre 27 % de femmes rêvent d'une partie de jambes en l'air à trois.*

Choisissez de préférence des fantasmes qui vous excitent *tous les deux*, surtout la première fois, et peaufinez le scénario ensemble avant de vous y mettre : les vêtements que vous allez porter, le rôle que vous allez jouer... Puis servez-vous de votre imagination pour enrichir l'histoire, ajouter quelques surprises ou aller un peu plus loin que prévu. Vous pouvez aussi écrire vos trois fantasmes préférés sur des petits morceaux de papier en décrivant soigneusement les rôles de chacun et les mettre dans un pot pour les tirer au sort quand vous aurez envie de vous amuser un peu. Le but, c'est de découvrir, à la dernière minute, l'un des fantasmes de l'autre.

Vous n'avez pas besoin de réaliser vos fantasmes au pied de la lettre, il suffit de les exprimer par symboles. Vous rêvez de sexe anal, mais n'osez pas aller jusqu'au bout ? Faites semblant en la pénétrant normalement par-derrière. Attachez-vous avec des bas et des cravates, pas des cordes rêches. Pas besoin non plus de serrer les nœuds. L'idée, c'est de faire semblant de vous débattre, pas d'essayer à tout prix de vous libérer parce que vous avez la circulation coupée. Inutile de vous ruiner en accessoires érotiques (quoique parfois, ils ajoutent du piment aux vieux fantasmes). Des bas noirs et des talons hauts suffisent à vous transformer en call-girl. Quant à lui, il suffit d'un jean et d'un torse nu (assortis d'une expression soumise) pour en faire un parfait objet sexuel.

! De tous les fantasmes, le bondage *(attacher son partenaire) est celui qu'on réalise le plus fréquemment. 23 % des hommes en rêvent, 27 % l'ont déjà pratiqué contre 25 % de femmes dans le premier cas et 26 % dans le deuxième.*

Mettez une musique d'ambiance et utilisez chaque pièce de la maison (ou allez ailleurs), mais surtout, faites ça avec naturel. Pas besoin d'être trop précis : c'est le « fond » du fantasme qu'il faut recréer et non pas la forme. Ne soyez pas surpris si, la première fois, vous éclatez de rire. Le rire est un élément essentiel de la vie de couple. Ne vous arrêtez pas. Cette sensation de ridicule s'effacera quand vous serez dans le feu de l'action.

Une seule précaution : mettez-vous d'accord sur un signe qui veuille dire : « On arrête ! » avant de vous mettre à l'ouvrage. C'est très important, surtout si vous décidez de vous attacher ou de vous donner la fessée. Les supplications font sans doute partie du scénario, alors comment discerner les fausses des vraies ? À part ça, allumez les projecteurs et place au spectacle !

Bonnes vibrations : nous avons testé pour vous...

Les accessoires sexuels expédient-ils au septième ciel ou aux urgences ? Est-ce un gaspillage de temps et d'argent ou une façon de vous éclater au lit ? Plutôt que de se demander : « Pourquoi utiliser ce type d'accessoires ? », pourquoi ne pas les essayer ? Après tout, ils existent depuis deux mille cinq cents ans et ne semblent pas en voie de disparition. Les Égyptiens utilisaient des godemichés, les Romains fabriquaient des bougies en forme d'énormes pénis et les Chinois se recourbaient le sexe avec un ruban de soie. Selon les propriétaires des sex-shops que j'ai rencontrés, les accessoires sexuels, et surtout les féminins, se vendent comme des petits pains ! S'ils ne remplaceront jamais un vrai rapport, ils permettent de mieux contrôler sa sexualité.

Il ne s'agit plus, depuis longtemps, de simples jouets. Un humble vibromasseur peut être d'un grand réconfort pour les femmes qui ont du mal à jouir, et un bon nombre d'accessoires sont conçus pour renforcer les muscles vaginaux. Pour chaque femme qui hurle à l'évocation de tels objets, il y en a une qui ne s'en sépare jamais. Alors, lancez-vous. Ne vous contentez pas d'une virée dans les sex-shops entre copines, offrez-vous un de ces godemichés à attaches munis de boules bruyantes. Les hommes sont fascinés par ce genre d'objets et l'idée que vous puissiez avoir envie (même vaguement) d'en essayer un risque de mettre votre chéri dans tous ses états.

Plutôt que de claquer votre paie dans des accessoires coûteux, commencez par des articles bon marché. C'est souvent la nouveauté qui excite. Si vous avez aimé cette première expérience, vous pourrez investir un peu plus. Vous ne savez pas par quoi commencer ? Voici quelques renseignements donnés par de courageux volontaires (moyennant finances) sur leur virée au pays des jouets sexuels...

Maxi-Erect (pommade désensibilisante)

Vendue dans les sex-shops

Qu'est-ce que c'est ? Une pommade qui sert à prolonger l'érection.

Cobaye : Pierre, trente-deux ans.

Alors, heureux ? « Un ami me l'avait recommandée. J'ai eu envie d'essayer. J'en ai mis un peu au bout de mon pénis et je l'ai bien fait pénétrer, mais la première fois, ça n'a rien fait. La seconde, je m'en suis badigeonné. J'ai ressenti un drôle de chatouillement, et là, ça a marché. Je suis resté en érection nettement plus longtemps. Aucune réclamation. »

Note : 7/10

Vibromasseur « langue »

Vendu dans les sex-shops

Qu'est-ce que c'est ? Un truc bizarre, cylindrique, avec une langue au bout, conçue pour stimuler le clitoris. Ses adeptes affirment que c'est aussi bien qu'en réalité (quand on arrive à s'arrêter de rire pour passer aux choses sérieuses). Insérez un lubrifiant dans le compartiment prévu à cet effet et placez la langue (lavable) sur un des cinq dispositifs. Elle lèche de bas en haut, sur les côtés, et effectue même des mouvements de pénétration.

Cobaye : Susanne, quarante ans.

Alors, heureuse ? « J'ai vu ça dans la vitrine d'un sex-shop et j'ai aussitôt eu envie de l'acheter. Je l'ai essayé sur ma main et c'était sensationnel. La première fois, j'ai mis un slip fendu, baissé les lumières et je me suis regardée dans la glace. C'était tellement ridicule que j'ai éclaté de rire. Après ça, j'ai fermé les yeux. C'était incroyable ! C'est aussi bien qu'en vrai même si, esthétiquement, c'est raté. Un de mes amis m'a dit qu'il tirerait dessus s'il en voyait traîner un au bord de la route. »

Note : 9/10

Vibromasseur à perles et à pulsion

Vendu dans les sex-shops et dans certains catalogues de vente par correspondance

Qu'est-ce que c'est ? L'un des vibromasseurs les plus populaires, avec des perles dans le tube qui tournent en cercles étourdissants, et d'un stimulateur clitoridien qui vibre aussi.

Cobaye : Marie, trente et un ans.

Alors, heureuse ? « J'ai vu une émission sur les vibromasseurs à la télé, et je me suis dit que ce truc pourrait m'aider à jouir plus souvent. Je l'ai inséré dans mon vagin. Les perles qui tournent m'ont fait un sacré effet. Par contre, même si le stimulateur clitoridien ronronnait à tout va, il ne s'est rien passé. Alors, je l'ai ressorti et placé contre mon clitoris. La vache ! Le seul problème, c'est qu'on jouit tellement facilement qu'après, on a du mal à faire autrement. »

Note : 9/10

Boules de geisha

Vendues dans les sex-shops

Qu'est-ce que c'est ? Plus connues sous le nom de

« boules duo », ce sont des boules métalliques (de la taille d'une balle de golf) garnies de latex, et munies d'un cordon. (Imaginez une version coquine des clic-clacs avec lesquels on jouait quand on était gosses.) Insérées dans le vagin, elles se déplacent et donnent l'impression que l'ont est pénétrée en permanence. Les fabricants affirment aussi qu'elles renforcent les muscles vaginaux.

Cobaye : Catherine, vingt-trois ans

Alors, heureuse ? « C'était un cadeau. Je l'ai ouvert devant ma mère. J'ai failli trucider le copain qui me les avait offertes, et puis j'ai eu envie de les essayer. Je les ai enduites de lubrifiant et ai enfoncé la première. J'ai attendu un peu et ai ajouté l'autre. Un cordon comme celui d'un tampon permet de les récupérer. J'avais l'impression d'être “ remplie ” comme si je marchais avec un gros pénis en moi. Mais, comme je n'arrivais pas à marcher naturellement, je les ai enlevées au bout de trois minutes. Sans intérêt. »

Note : 3/10

Menottes en tissu ou en fourrure

Vendues dans les sex-shops

Qu'est-ce que c'est ? Conçu pour les esclaves purs et durs comme pour le bondage soft. Leur enveloppe en tissu ou en fourrure vous donnera un air de fashion-victim même attachée à la tête de lit.

Cobayes : Simon, vingt-quatre ans, et Linda, vingt-neuf ans.

Alors, heureuse ? « Ça faisait des siècles que Simon

me harcelait pour m'attacher. J'ai fini par les lui offrir à son anniversaire. Vous auriez vu sa tête ! Elles sont très faciles à utiliser, douces et confortables et ça nous a super-excités. C'est notre jouet sexuel préféré (et le seul). »

Alors, heureux ? « C'est le plus beau cadeau de ma vie. »

Note : 10/10

Double godemiché

Vendu dans les sex-shops

Qu'est-ce que c'est ? Il s'agit d'un godemiché à deux phallus monté sur un harnais en plastique. Celle qui le porte se pénètre et utilise l'autre extrémité pour pénétrer son (sa) partenaire dans l'anus ou le vagin. Existe aussi avec un harnais en cuir pour les inconditionnels.

Cobayes : Richard, trente-deux ans, et Isabelle, vingt-quatre ans.

Alors, heureuse ? « C'est Richard qui l'a acheté. Je m'étais cachée dans un coin. Ça ne m'intéressait pas vraiment. Il a voulu l'essayer dans la foulée. Quand il se l'est attaché, j'ai failli crier : " Hue, cow-boy ! " Il m'en a introduit un dans le vagin. J'ai trouvé ça caoutchouteux. Ça m'a même pincée la première fois. Par contre, j'ai adoré me pénétrer moi-même, mais ce que j'ai le plus aimé, c'est le pénétrer lui. C'était la première fois que je faisais ça. »

Alors, heureux ? « Isabelle n'était pas emballée. Ça m'a déçu. Mais je crois qu'elle a beaucoup aimé faire l'homme. Avec des tonnes de lubrifiant, c'est très agréable. Sans lubrifiant, c'est horriblement douloureux. »

Note d'Isabelle : 2/10 pour elle. 9/10 pour lui.

Note de Richard : 8/10

Pornographie : pourquoi ça vaut la peine d'y jeter un nouveau coup d'œil

Alex Comfort (dans sa célèbre bible sexuelle *The Joy of Sex*) prétend que le terme de pornographie est « attribué à tout type de littérature liée au sexe et qu'on essaie d'interdire ». Il ajoute : « La plupart des gens normaux aiment consulter des livres sur le sexe et les fantasmes sexuels, ce qui explique pourquoi les gens anormaux consacrent tant de temps et d'argent à essayer de les interdire. » Je suis assez d'accord avec lui. Je pense sincèrement que les magazines ou les vidéos porno standard (qui n'impliquent ni violences, ni tortures, ni enfants) devraient être disponibles partout. Si ça ne vous plaît pas, rien ne vous oblige à vous en procurer, mais vous seriez étonné de savoir le nombre de gens, y compris de femmes, que ça intéresse.

Après d'innombrables tests bizarres consistant à relier les parties génitales d'hommes ou de femmes à des machines, les scientifiques ont officiellement déclaré que les femmes étaient aussi excitées que les hommes par les lectures sexuellement explicites. Eh bien ça, alors ! C'est incroyable ! Par contre personne n'a cherché à savoir si les femmes, même libérées, étaient excitées par les œuvres pornographiques. À vrai dire, les trucs *hard*, c'est pas vraiment notre truc. Les films classés X sont souvent barbants, répétitifs et tellement peu crédibles qu'ils donnent plus envie de rire qu'autre chose. Ou bien, ils sont si explicites, dérangeants et écœurants qu'on en a la nausée. Même si vous avez enduré l'un de ces films et juré de ne jamais renouveler l'expérience, voici tout de même une bonne nouvelle. Oubliez vos préjugés et rallumez votre magnétoscope, parce que la pornographie a engendré un nouveau genre : l'*erotica*, une version nettement plus subtile et douce, souvent conçue spécifiquement pour les femmes.

! *76,9 % des femmes ont des rêves érotiques. 71,8 % sont excitées par les magazines et les vidéos pornos. 60 % d'entre elles font part de leurs fantasmes à leur partenaire et 33,6 % les réalisent.*

Si votre chéri veut regarder une cassette porno, acceptez, mais choisissez-la. Prenez-en une faite par des femmes pour des femmes (c'est clairement précisé sur la jaquette). Ainsi, vous ne serez pas forcée de regarder des scènes avilissantes ou des performances embarrassantes accomplies par des femmes aux courbes parfaites et que la simple vue d'un pénis en érection fait jouir. Si vous êtes très mal à l'aise ou que vos préjugés vous interdisent de regarder même ces versions soft, rabattez-vous sur des grands classiques comme *Le Facteur sonne toujours deux fois*, ou optez pour *L'Amant de Lady Chatterley*, *L'Insoutenable Légèreté de l'Être* ou encore *Neuf semaines et demie*. Par contre, si vous faites partie de ceux et celles qui veulent utiliser la pornographie ou l'érotisme pour pimenter leur vie sexuelle, voici quelques conseils.

À FAIRE :

Faites plusieurs essais avant de tirer un trait définitif sur les films, les revues et les livres réservés aux adultes. Choisissez-les à tour de rôle en demandant l'aval de votre partenaire. Si vous en aimez un et pas elle (lui), regardez-le ou lisez-le seul(e).

Utilisez la cassette comme fond sonore (et visuel). Elles sont souvent trop ennuyeuses pour qu'on les regarde d'une traite, alors autant ne profiter que des bons passages.

Riez et ne prenez pas la chose au sérieux. Ce ne sont pas de vrais actes sexuels et ces films sont bourrés d'informations erronées (du genre : les femmes n'ont pas besoin de préliminaires et adoooorent être pénétrées).

À NE PAS FAIRE !

Surtout ne croyez pas que votre partenaire n'est pas satisfait avec vous. C'est pour rire, pour pimenter votre relation, c'est tout.

Ne vous sentez pas coupable si ça vous excite. Ça ne veut pas dire que vous êtes pervers(e), malade ou que vous avez l'esprit mal tourné. C'est juste que vous êtes humain(e).

Ne forcez pas quelqu'un à regarder, surtout si c'est contre ses principes. Ça ne veut pas dire qu'il (elle) est prude. Il (elle) a le droit de ne pas aimer ça.

N'empêchez pas votre partenaire d'y recourir si, contrairement à lui (elle), vous n'aimez pas ça. Demandez-lui simplement de faire ça seul(e) et de ranger ses revues et cassettes hors de votre vue. À moins que ce ne soit extrêmement perturbant (violences, tortures, enfants...), c'est son affaire, pas la vôtre.

Ne comptez pas uniquement sur la pornographie pour vous exciter. Si le magnétoscope est allumé chaque fois que vous faites l'amour, c'est mauvais signe.

Tous au lit : triolisme, échangisme et partouzes

« Je suis le plus heureux des hommes », m'a confié un ami, beurré comme un petit Lu. « Ma femme veut qu'on fasse l'amour à trois, avec une autre femme. » « Vous allez essayer ? » ai-je demandé. « Bien sûr ! » lâcha-t-il. « Il faudrait être cinglé pour refuser de coucher avec deux femmes à la fois ! » Lourd silence. « Il faudrait être idiot, pas vrai ? Pas vrai ? C'est le rêve de tout homme, non ? » « Mais pas le tien » hasardai-je. « Non », reconnut-il horriblement gêné. « Pour être franc, la seule pensée me terrifie. »

Et il n'est pas le seul ! Fantasmer sur le sexe à trois ou à plusieurs ne veut pas nécessairement dire être prêt à faire le grand saut. Jacques avait peur de ne pas parvenir à satisfaire deux femmes, d'être pris pour un ringard, d'être rejeté et de voir sa femme virer sa cuti.

Et puis, « Je ne suis pas sûr d'être capable de voir

celle que j'aime faire l'amour avec quelqu'un d'autre, homme ou femme » m'avoua-t-il tristement.

Je suis d'accord avec lui. Je suis beaucoup trop jalouse pour partager. Par contre, je connais beaucoup de gens qui ont eu des rapports à trois, avec des résultats variés. En généralisant grossièrement, je dirais que ceux pour qui ça a le mieux marché sont des couples relativement récents et qui n'étaient pas particulièrement jaloux l'un de l'autre. Ils se sont bien amusés, disent que ça alimentera leurs rêves érotiques pendant longtemps, mais n'ont pas une envie démentielle de recommencer. Pour les couples plus anciens, c'est souvent un désastre. Même s'ils se sont bien amusés sur le coup, la plupart avouent que ça a eu des effets ravageurs. Jalousie, confiance rompue, paranoïa (peur que le partenaire ne préfère l'autre), le sexe en trio est une affaire risquée. Vous pensez que votre couple peut supporter une relation à trois ? Lisez d'abord ce qui suit.

Pourquoi voulons-nous essayer ?

Il est facile de rêver de triolisme quand on est trop paresseux pour redonner de l'élan à une relation en perte de vitesse. On s'imagine que faire l'amour à trois est un moyen rapide et facile de pimenter sa vie sexuelle, sans trop se fatiguer. En outre, beaucoup de gens sont excités par la vue ou le bruit de scènes d'amour. C'est d'ailleurs pour ça qu'on regarde des films porno ! Il peut être aussi instructif de regarder les autres et valorisant de se sentir désiré par plusieurs personnes. Enfin, cela ajoute incontestablement de la variété et surtout, c'est tabou. En résumé, c'est nouveau, moralement condamnable, donc très excitant !

Certains aiment être le centre de l'attention et l'idée de tout ce plaisir (*deux* langues, *quatre* mains, *deux* pénis ou *deux* vagins) les rend dingues. Dans les fantasmes, on a souvent tendance à s'imaginer dans le rôle dominant. En général, les femmes préfèrent la combinaison « deux femmes / un homme »... comme les hommes !

Le triolisme semble parfois une solution naturelle pour les couples qui s'ennuient, mais ne veulent ni se quitter ni se tromper « en cachette ». Le faire devant son partenaire ressemble moins à une trahison, et la plupart des gens voient la tierce personne comme un ajout agréable plutôt qu'une menace. Les gens que j'ai interrogés s'y adonnent avec des amis ayant les mêmes affinités, passent par le biais de petites annonces ou fréquentent des

J'avais dix-neuf ans et je sortais avec un type depuis environ un mois. On s'éclatait au lit mais on savait tous les deux qu'en dehors de ça, il n'y avait pas grand-chose. On traînait pas mal avec une de mes copines qui adore aussi le sexe. Un jour, elle m'a embrassée avec la langue pour voir si ça rendait mon copain jaloux. Il a fait semblant de l'être. On a donc poussé un peu la chose, tout en restant convenables. Puis on a arrêté de rire et on est passées à l'étape supérieure. Ça s'est naturellement transformé en partie à trois. On a tous aimé ça, mais on n'a jamais retenté l'expérience. Je n'en ai jamais reparlé à ma copine.

Deborah, trente et un ans, réceptionniste

> *Mon copain a appelé son ancien colocataire alors qu'on faisait l'amour. Je n'ai rien dit, car je savais qu'il en rêvait depuis longtemps. Quand son ami a dit qu'il avait une érection, il l'a invité à se joindre à nous. On a fait un « sandwich » : mon copain m'a pénétrée dans l'anus, et l'autre dans le vagin. Ils en avaient visiblement parlé avant. C'était très dégradant.*
>
> Amélie, vingt-deux ans, responsable de promotion

clubs de rencontre qui proposent ce genre de services. Même si l'expérience est positive, dans la plupart des cas, il n'y a pas de seconde fois. Après avoir satisfait leur curiosité, les couples se rendent compte que rien ne vaut un vrai tête-à-tête !

Quels sont les effets négatifs ?

La réalité est très différente du fantasme. Les couples qui s'aiment vraiment ont généralement du mal à voir leur partenaire s'envoyer en l'air avec quelqu'un d'autre et le plaisir physique est souvent amoindri par les fortes émotions négatives que ce genre de situation engendre. La plupart des gens sont très possessifs et n'aiment pas vraiment prêter leur partenaire, d'où une forte jalousie (du corps de la tierce personne, de sa technique, de ses émotions). De plus le chiffre 3 n'étant pas pair, il est par nature bancal. L'un(e) des participant(e)s éprouve généralement une plus grande attirance pour l'un(e) des deux autres, d'où un déséquilibre dans les rapports.

Une fois l'excitation passée (et aussi peut-être les

effets de l'alcool : quelques verres peuvent faire des miracles pour allumer le physique et éteindre le mental !), beaucoup de gens se sentent coupables, rancuniers (surtout si on les a poussés à le faire), honteux, rabaissés ou dégoûtés. Mais le plus souvent, ils se sentent trahis et perdent toute confiance en leur partenaire habituel. « J'y pense sans arrêt » et « J'ai peur qu'ils se voient sans moi » sont les réflexions que j'ai entendues le plus souvent parmi mon panel de témoins. Si l'un des deux veut remettre ça et pas l'autre, ce dernier se sent menacé. Ce désir de relations à plusieurs est parfois un signe d'immaturité, un besoin de gratification immédiate. C'est moins personnel qu'un rapport à deux. Cela peut aussi signifier que l'un des deux partenaires ne supporte pas les tête-à-tête.

En un sens, une partouze est plus honnête et moins dangereuse qu'un trio avec un(e) ami(e). Tout le monde sait à quoi s'attendre, il y a peu de chances qu'un vrai lien se forme, car on change souvent de partenaire et on ne se revoit généralement jamais. Dans l'échangisme, les deux partenaires habituels ne sont généralement pas dans la même pièce ou l'un devant l'autre, et il n'y a donc pas de risques d'être hanté par des images dévastatrices. Les groupes qui organisent des partouzes imposent le plus souvent des règles strictes concernant le port de la capote et l'arrêt immédiat en cas de refus d'un des participants.

Si vous voulez tenter le coup

Si vous décidez d'essayer, voici quelques conseils pratiques :

> ! *« Si Dieu avait voulu qu'on fasse des partouzes, il nous aurait donné plus d'organes ! » Malcolm Bradbury Pourtant, 11 % de femmes australiennes ont déjà fait l'amour à plusieurs.*

• Ayez toujours des capotes sous la main.

• Parlez de tout ce qui va se passer : ce que vous acceptez ou refusez de faire. Le baiser est-il autorisé ? Décidez à l'avance de ce que vous ferez si l'un des participants veut arrêter. Précisez qui va coucher avec qui car, si vous n'en avez pas parlé avant, vous risquez d'être choquée de voir votre chéri faire une fellation à un autre homme et y prendre visiblement beaucoup de plaisir.

• Demandez-vous si votre couple communique bien, négocie bien et gère bien les problèmes. Vous en aurez besoin pour passer ce cap.

• Demandez-vous si vous vous sentez à l'aise à l'idée de coucher avec deux personnes à la fois. Si vous supporterez de voir votre partenaire faire l'amour avec quelqu'un d'autre. Si vous n'en êtes pas sûr(e) à 100 %, renoncez.

• Analysez vos motivations. Est-ce un moyen de retenir votre partenaire ? Vous sentez-vous obligé(e) de le faire ? Si oui, abstenez-vous.

• Si vous avez l'intention de pimenter votre vie sexuelle avec d'autres personnes, vous feriez peut-être mieux d'accepter des infidélités occasionnelles, assorties de règles strictes quant à l'usage de préservatifs, et de fermer les yeux. Rien ne vous oblige à coucher ensemble avec un(e) inconnu(e).

Cher journal. Aujourd'hui, j'ai fait l'amour et c'était...

David

David, vingt et un ans, admet qu'il est du genre à coucher avec tout ce qui bouge et n'est absolument pas intéressé par une relation monogame à long terme. Il dirige un club de gym.

Première semaine

Hier soir, j'étais dans mon bar préféré et j'ai croisé le regard d'une fille qui allumait à tout-va. Je me suis rapproché d'elle pour voir si elle dégageait des vibrations positives ou négatives alors que, de toute façon, j'avais décidé d'attaquer. Elle est allée danser. Je l'ai suivie et, sans un mot, on s'est embrassés. Je l'ai amenée dans mon 4x4 et on a fait l'amour. À peine commencé, c'était fini. Je me suis dit : « Qu'est-ce qui m'a pris ? J'aurais mieux fait de me masturber. Ça aurait certainement été mieux. » Les allumeuses déçoivent toujours. Elles sont trop faciles. La fille m'a quitté, est retournée à l'intérieur et je l'ai vue ressortir avec un autre type une demi-heure après. Quand je dis allumeuse...

Je suis sorti avec Diane ce soir, une fille « bien » que j'ai rencontrée chez des copains. On est allés dîner. C'est une jolie idiote. Elle est montée chez moi en s'attendant visiblement à ce que je lui saute dessus. Ça m'a surpris. Elle vient d'une famille aisée et je pensais qu'elle serait différente. Je me suis plié à ses désirs, mais elle a piqué une crise parce que je n'arrivais pas à jouir avec un préservatif. C'est toujours comme ça. Arrivé au bord de l'orgasme, je dois me retirer, me débarrasser de ce truc et me finir à la main pour réussir à jouir. 80 % des filles s'en fichent, mais d'autres réagissent mal. Elles croient toujours que c'est de leur faute. J'arrive facilement à les pénétrer, mais j'ai beaucoup de mal à éjaculer. Ce n'est pas aussi automatique qu'elles le pensent. Ça remonte à mes dix-sept ans. J'étais avec une fille et on a passé un week-end entier à faire l'amour. J'ai joui vingt et une fois en trois jours. Je me souviens que j'étais tellement vidé et lessivé que j'en étais physiquement malade. Je ne sais pas si c'est psychologique mais, depuis, j'ai du mal à éjaculer deux fois dans le même week-end. Cela ne me dérange pas plus que ça. J'adore le sexe, même quand je n'éjacule pas.

Deuxième semaine

Tania était au bar hier soir. Je me demande si elle est encore vierge. Avec un copain, j'ai voulu faire l'amour avec elle, il y a un mois. On l'a rencontrée à une fête et on l'a entraînée dehors, au vu et au su de tout le monde. Mais tout ce qu'elle a bien voulu nous faire, c'est une fellation. Pas de pénétration. Elle nous a dit que c'était parce qu'elle était vierge. J'ai fait : « C'est ça ! » Par contre, c'est une sacrée gourmande. Elle a tout avalé jusqu'à la dernière goutte. J'adore ça. Le top du top, c'est quand elles laissent couler du sperme sur leurs lèvres. C'est super-excitant. Je n'ai pas cru Tania jusqu'à ce que sa meilleure copine me jure que c'est vrai. Elle est vraiment vierge.

Je viens de faire la pire expérience sexuelle de ma vie. J'ai voulu faire un cunni à une fille et ai été saisi par une épouvantable odeur. J'en ai eu des haut-le-cœur. Elle devait avoir une infection, parce que ce n'était pas une odeur naturelle. J'en suis encore malade rien que d'y penser.

Troisième semaine

J'ai contemplé une fille pendant deux heures, hier soir. Elle était différente. Si belle, si pure. J'ai su au premier regard que je voulais sortir avec elle. Je lui ai fait tant bien que mal la conversation, mais elle sort déjà avec quelqu'un. Dommage. Malgré les apparences, je pense que je pourrais avoir la même partenaire sexuelle à vie. Il faudrait juste qu'elle m'aime très fort, qu'elle soit ouverte d'esprit et prête à essayer tout ce que je lui propose, mais c'est possible. Les hommes sont souvent d'inconditionnels dragueurs, mais vous seriez surpris de voir le nombre de types qui restent fidèles quand ils sont vraiment amoureux. D'une certaine façon, je préfère que cette fille soit casée. Je suis sûr que je serais tombé amoureux d'elle.

Quatrième semaine

Écrire ce journal m'a fait réfléchir à ma vie sexuelle. J'ai compté le nombre de femmes avec qui j'ai couché cette année et je ne sais pas si je dois en être fier ou atterré. J'ai des périodes de trois ou quatre mois où je drague deux filles par semaine. Et puis j'ai honte et je me dis : « Ralentis. Tu dois faire du mal. » Souvent, les filles veulent qu'on les rappelle une fois qu'on a couché avec elles. Je les revois généralement une fois, mais elles en veulent plus. Elles demandent : « Ça n'a pas d'importance pour toi ? » Comment leur dire : « Non, ni le sexe, ni toi » ? Je n'aime pas faire souffrir, pourtant ça arrive souvent.

Ma vie sexuelle est... complètement folle et dépravée. Je ne me lasse pas de voir des filles nues. Je crois que c'est le cas de tous les hommes, même ceux qui ont une relation stable depuis des années. Je préfère les histoires d'un jour aux relations longues comme celle de trois ans que j'ai eue avec mon ex-petite amie. Quand elle ne voulait pas faire l'amour, j'étais désemparé. Je pensais : « Je perds mon temps. Elle ne veut pas de moi. » Peut-être que c'était pour mieux me dominer, du genre : « J'ai ce que tu veux, mais tu ne l'auras pas. » Dans l'idéal, j'aimerais faire l'amour plusieurs fois par jour et tant pis si je n'éjacule pas à tous les coups. Mon pire cauchemar, ce serait de tomber amoureux d'une fille qui n'aimerait que la position du missionnaire. Ce serait l'horreur. Je préfère le faire en levrette. Il n'y a que comme ça que j'arrive à jouir.

6

Problèmes de performances

Questions / réponses

Que dois-je faire si le sexe m'ennuie ? Je suis avec la même personne depuis des années et on a absolument tout fait. La baisse de la libido est-elle inévitable ?

Rien ne m'énerve plus que d'entendre : « Le manque de désir est normal au bout d'un certain temps. On ne peut rien y faire. » Les personnes qui tiennent ce genre de propos s'offusquent de mon invariable réponse : « Il existe des tas de remèdes à ça. Il faut juste se donner la peine d'essayer » parce que c'est souvent une question de paresse.

Le seul avantage qu'ont les nouveaux amants sur les « vieux » couples, c'est l'attrait de la nouveauté, le frisson de conquérir un nouveau territoire, ce qui n'est

> ! *Regardez bien votre partenaire avant d'échanger les alliances. Vous finirez sans doute un jour par lui ressembler. Ce phénomène, courant chez les animaux et leurs propriétaires, s'applique aussi aux couples mariés. Les différences physiques s'estompent avec les années. Effrayant, non ?*

rien en regard des avantages que possèdent les couples de longue date : ils se sentent bien ensemble, se parlent librement et n'ont plus d'inhibitions car ils se font mutuellement confiance. Croire que la libido finit toujours par s'éteindre, c'est comme ne pas se présenter à un entretien d'embauche sous prétexte qu'on n'a aucune chance. Qui sait ? Les petits efforts sont parfois payants. C'est pareil pour le sexe. Certes, il arrive que la libido des couples s'étiole, mais ce n'est pas une fatalité. Ce livre tente justement de vous le prouver. Car, excusez-moi, mais je doute fort que vous ayez « déjà tout fait ».

Pourquoi le sexe me paraît-il moins excitant quand je suis amoureux(se) ?

Quand la relation est purement sexuelle, on peut se permettre d'être libertin(e) et un tantinet vicieux(se) parce qu'on se fiche de ce que pense l'autre. Mais quand le sentiment d'amour s'installe, on tempère et on étouffe même parfois les pulsions sexuelles qui ne sont pas considérées comme « normales ». « Il va me prendre pour une grosse cochonne », « elle va me trouver bizarre »... Nous abandonnons le rôle d'amant(e) excitant(e) et excité(e) pour endosser celui de mari ou femme. Parlez-en à votre partenaire, la prochaine fois que vous aurez cette impression, en espérant que vous rirez de vos craintes respectives. Si par contre, il (elle) espère un changement de comportement maintenant que vous êtes « rangé(e) », à votre place, ça m'inquiéterait.

C'est toujours moi qui prends l'initiative. J'aimerais tant qu'elle le fasse elle aussi.

Quand vous lui faites des avances, réagit-elle avec enthousiasme ou en traînant les pieds ? Dans le premier cas, elle attend peut-être votre « permission » (que vous fassiez le premier pas) parce que les filles « bien » ne sont pas censées vraiment aimer ça. Ou peut-être avez-vous une libido plus forte que la sienne et avez envie de faire l'amour plus souvent (ce qui ne lui donne pas l'occasion de vous désirer car vous êtes toujours sur son dos). En revanche, si elle ne réagit pas chaleureusement à vos avances, peut-être n'aime-t-elle pas vraiment faire l'amour (avec vous ou en général) et le fait-elle par obligation. Demandez-lui pourquoi. Peut-être que vous n'êtes pas un amant terrible et qu'elle n'ose pas vous le dire. Demandez-lui ce que vous pouvez faire pour arranger les choses. Invitez-la à dîner, offrez-lui un verre, faites-lui un massage, ne lésinez pas sur les préliminaires et voyez comment elle réagit. Quand quelque chose est agréable, on en a souvent envie.

Pourquoi fait-on systématiquement l'amour à sa manière ?

Ce n'est pas à moi qu'il faut poser la question. Vous avez une langue, n'est-ce pas ? Alors, servez-vous-en ! Dites-lui que vous voudriez essayer quelque chose de nouveau, ou simplement que vous souhaitez diriger les opérations et sautez-lui dessus. Si vous restez couchée sur le dos, comme une potiche, pas étonnant qu'il prenne les choses en main.

Une fois, j'ai pris une fille par-derrière. C'était vraiment génial, mais elle, elle était obnubilée par ses grosses fesses. Il n'y a rien de pire ! Dans le feu de l'action, on ne remarque pas les petits défauts, alors, inutile de les cacher. Quand on observe une femme nue, on s'attarde sur ce qui est beau et on ne fait pas attention au reste.

Jérémie,
dix-huit ans, barman

Ma copine aime faire l'amour, mais a horreur des petits coups vite faits. Pourquoi ?

La réponse est sans doute très simple : son vagin met du temps à se lubrifier. Achetez un gel spécial et voyez ce que cela donne. Les femmes s'excitent souvent très vite mentalement, mais leur corps met un certain temps à réagir (et il n'y a rien de plus désagréable que de faire l'amour « à sec »). Vous pouvez aussi lui demander pourquoi elle n'aime pas ça. Ce genre de rapport pimente agréablement une vie sexuelle épanouie, mais si c'est quasi systématique, pas étonnant qu'elle s'en lasse.

Comment refuser ses avances sans le vexer ?

J'ai un principe révolutionnaire à ce sujet : n'ayez pas peur de le vexer ! La plupart des hommes préfèrent être repoussés plutôt que de faire l'amour sans entrain. S'il veut que vous vous pliiez au moindre de ses désirs, larguez-le. Vous n'avez pas besoin de sa permission pour refuser. Si vous le faites poliment et qu'il est compréhensif, il va peut-être bouder ou grommeler un peu, mais il se rendra vite compte de la stupidité de sa réaction. Tout dépend de votre partenaire. Essayez de dire la vérité : « Pas ce soir, je suis trop fatiguée » ou « Je ne sais pas pourquoi, mais je n'ai pas envie. Faisons plutôt un petit câlin ». Faites-lui clairement comprendre que c'est de sexe que vous n'avez pas envie, pas de lui. Ça le rassurera.

Comment faire comprendre à mon chéri qu'il n'est pas un supercoup au lit ?

Essayez de faire passer le message par des gestes. Quand il fait quelque chose que vous aimez, réagissez avec emphase : gémissez bruyamment, pressez-vous contre lui et embrassez-le passionnément pour qu'il comprenne. Si, au contraire, vous n'aimez pas certaines caresses, soyez aussi explicite : dégagez-vous, dérobez-vous à ses caresses ou (mieux) guidez sa main, sa bouche ou son sexe ailleurs. On fait souvent à son partenaire ce qu'on voudrait qu'il nous fasse. Vous aimeriez qu'il vous lèche et vous mordille l'oreille ? Alors, faites-le-lui. Faites-lui une ou deux suggestions au hasard d'une conversation et appliquez-les, la prochaine fois que vous ferez l'amour.

Si, avec tout ça, il ne capte toujours rien, il faut le lui dire clairement. C'est souvent la meilleure solution. Presque toutes les femmes se sont un jour dit : « Pas de panique. Si j'attends encore un peu, il va bien finir par trouver ce qui m'excite. » Mais parfois, même si vous vous tortillez à tout-va, il ne comprend pas et il faut en passer par le stade de la parole. Vous n'êtes malheureusement pas la seule à ne rien dire au lit. La plupart des femmes restent muettes comme des carpes et pensent : « Un peu plus à gauche, mon amour, et plus fort ! » Mais comment peut-il le savoir et surtout s'améliorer si vous ne lui dites rien ?

J'aime faire des trucs « bizarres », mais je crains que ma partenaire n'apprécie pas. Comment puis-je l'y amener sans que ce soit embarrassant pour moi, ni effrayant pour elle ?

Tout dépend de ce que vous entendez, tous les deux, par « bizarre ». Même si elle est plutôt large d'esprit, évitez d'entrer dans la chambre, paré de ses sous-vêtements, sans lui en avoir parlé avant. Mais si « bizarre » veut dire « quelque chose de nouveau », abordez le sujet, en parlant à la troisième personne. Dites : « J'ai un ami qui... » ou « J'ai rêvé que... » et observez sa réaction. Ou parlez-lui de tel ou tel fantasme. Il vaut en

J'adore les femmes qui arrivent à se donner un air naturel mais chic, ou qui aiment parader en petits dessous. Quand je la vois, allongée sur le lit dans mes sous-vêtements, j'ai une érection d'enfer !

Philippe, vingt-trois ans, photographe

général mieux insinuer que proposer directement, même si c'est parfois très érotique. Si elle se tord les mains nerveusement, à vous d'en tirer les conclusions. Si, par contre, elle a l'air intéressé, ajoutez : « Et si on essayait la prochaine fois ? »

Va-t-il (elle) penser que je l'ai trompé(e) si je suggère quelque chose d'inhabituel ?

Tout dépend, encore une fois, de ce que vous entendez par « inhabituel », mais, à mon humble avis, la plupart des hommes adorent qu'on leur propose un peu de nouveauté. S'il n'a pas une haute estime de vous, il n'est sans doute pas fait pour vous. Alors, envie de passer le reste de votre vie à jouer les nonnes ?

Généralement, contrairement à mon amant, je n'ai pas d'orgasme quand on fait l'amour. Par contre, je sais que je jouirais s'il me faisait un cunnilungus après. Puis-je le lui demander ?

Est-ce normal qu'il jouisse et pas vous ? Rien de plus normal que de vouloir être comblée après l'amour. Pensez seulement que les hommes ne sont pas forcément aussi à l'aise avec les fluides corporels que les femmes (qui ont notamment l'habitude des règles). Il suffit d'un passage éclair dans la salle de bains pour qu'il change d'avis et assouvisse volontiers votre désir. Vous pouvez également lui demander de vous faire jouir, avec un cunnilungus, avant la pénétration ou en vous caressant après. Le top du top, c'est de lui demander de stimuler votre clitoris *pendant* l'acte sexuel.

Je me sens toujours un peu vulnérable après l'amour – comme, à mon avis, toutes les femmes. Je ne demande pas à mes partenaires qu'ils se lancent dans de grandes déclarations, mais qu'ils me disent qu'ils ont aimé faire l'amour avec moi et que je ne suis pas qu'un énième nom sur leur tableau de chasse.
Catherine,
vingt-cinq ans, cadre

S'il (elle) me fait un(e) cunnilingus (fellation), dois-lui en faire un(e) en retour ?

Il (elle) attend sans doute que vous lui rendiez la pareille, mais pas forcément tout de suite. Faites-le à tour de rôle, une fois sur deux. De nombreux couples organisent leurs sessions amoureuses en définissant à l'avance qui s'occupera de qui. Un jour, il peut vous faire un massage et finir par un cunnilingus avant de vous regarder sombrer délicieusement dans le sommeil. Et la prochaine fois, c'est vous qui prendrez les commandes.

Les règles du « sexe pour le sexe »

Vous sortez d'une longue histoire d'amour et n'avez aucune envie de vous investir à nouveau ; vous n'avez ni le temps, ni l'esprit d'entamer une nouvelle relation parce que votre carrière passe avant tout ; ou enfin, vous n'avez pas encore rencontré la bonne personne, alors, une seule solution (d'après les spécialistes) : faites l'amour pour le sexe.

Depuis que Dieu a dit : « Que la lumière soit », les hommes ont toujours été obnubilés par le sexe (souvent à l'insu de leur partenaire). Maintenant que la libération sexuelle est passée par là, de plus en plus de femmes, sûres d'elles, sans complexes et à la libido sauvage, réussissent parfaitement à séparer le cœur du sexe. Elles ne cherchent plus l'homme idéal, ni même un compagnon pour les samedis soir, tout ce qu'elles veulent, c'est faire l'amour et s'éclater.

Vous vous reconnaissez dans ce portrait ? Alors, foncez ! Faites simplement attention à votre santé et à votre sécurité, mais aussi à votre bien-être mental. Ce n'est pas parce que la monogamie ne vous intéresse pas qu'il faut faire souffrir les autres. Vous êtes prêt(e) pour la grande aventure ? Alors, suivez ces petits conseils.

• **Ne culpabilisez pas.** Si vous ressentez la moindre pointe de culpabilité, vous n'êtes pas fait(e) pour les histoires purement sexuelles. Si vous vous réveillez déprimé(e) ou honteux(se), ne recommencez pas. Dans ce genre de relation, chacun exploite l'autre à ses propres fins – ce qui ne pose pas de problèmes quand les deux protagonistes sont sur la même longueur d'onde. N'oubliez pas qu'il y a une grande différence entre « baiser » et faire l'amour. Ne vous attendez pas à ce qu'il vous envoie des fleurs ou qu'elle vous appelle pour vous souhaiter bonne nuit. Ce n'est donc pas la peine de préciser que ce n'est généralement pas votre genre, même si c'est vrai. Et si vous passez pour quelqu'un de facile, où est le problème ?

• **Utilisez systématiquement un préservatif.** Si je dois vous expliquer pourquoi, enfermez-vous chez vous. En outre, cela ne vous empêche pas (bien au contraire) d'utiliser un autre mode de contraception.

! Les femmes célibataires sont souvent parmi les plus intelligentes et les plus diplômées. Quant aux vieux garçons, c'est souvent le contraire.

Là encore, les raisons sont évidentes.

• **Faites-le pour les bonnes raisons.** Ce genre d'expérience vous fera sentir désirable et attirant(e) mais pas unique et aimé(e). Si vous tentez l'expérience en espérant un gros câlin à la fin, vous risquez d'être déçu(e). Les histoires de fesses ne procurent que du plaisir. Ne couchez pas avec quelqu'un juste pour rassurer votre ego.

• **Oubliez toutes vos inhibitions.** Il est souvent plus facile de se lâcher avec quelqu'un qu'on ne veut ni séduire ni impressionner. Qu'est-ce que ça peut faire s'il vous trouve trop grosse ou limite perverse ? Si vous rêvez depuis toujours d'être attachée ou qu'on vous lèche de la crème sur le corps, profitez-en !

• **N'étalez pas vos histoires de fesses.** Vous risquez de vous faire une sale réputation auprès de vos amant(e)s et après tout, ce sont vos affaires, pas les leurs.

• **Gardez le contrôle en restant honnête avec vous-même** et votre partenaire. Annoncez clairement et d'entrée de jeu que vous êtes intéressé(e) par le sexe et c'est tout. Si vous commencez à vous attacher, dites-le-lui. Il (elle) ressent peut-être la même chose. Dans le cas contraire, arrêtez tout et trouvez quelqu'un d'autre. Inutile de se briser le cœur pour quelques galipettes.

• **Soyez attentionné(e).** La vision de son corps vous

excite ? Dites-le-lui. Elle est si érotique que vous en rêverez toute votre vie ? Pareil. Un compliment n'engage à rien.

• **Choisissez soigneusement votre partenaire.** Si vous avez envie de sexe mais ne trouvez personne à la hauteur, rentrez vous masturber chez vous. Choisissez toujours des partenaires qui vous plaisent et qui vous renvoient une bonne image de vous-même. Ne touchez pas aux maris ou aux femmes des autres ni aux amis d'amis, à moins d'aimer être la cible des ragots.

• **Madame, ne prenez pas de risques.** Soyez extrêmement vigilante et faites confiance à votre instinct. Si vous êtes mal à l'aise et que votre conquête est un peu bizarre, laissez tomber. Vous courrez moins de risques en le ramenant chez vous, à condition que votre colocataire soit là, prêt(e) à intervenir, qu'en allant chez lui. Si vous le connaissez un peu et que vous lui faites suffisamment confiance pour le suivre, donnez son adresse et son numéro de téléphone à quelqu'un de confiance.

Le sexe en vacances

Le soleil brille, les vagues clapotent et votre principal souci de la semaine est de trouver l'emplacement idéal pour votre transat. Cette ambiance délicieusement relax et quasi anesthésiante fait vite oublier les petits soucis de la vie. Malheureusement, le sida, les MST et les grossesses non désirées ne disparaissent pas avec le stress. Les vacances sont souvent source de danger. Alors, arrangez-vous pour n'en ramener que de bons souvenirs.

C'était mon premier amant. Il était médecin et avait douze ans de plus que moi. Il m'a refilé son hépatite. J'ai été malade pendant des mois. La leçon a été dure, mais efficace. Maintenant, j'ai toujours des préservatifs sur moi.
Fabienne, vingt-deux ans, serveuse

• Faites le plein de capotes, de lubrifiant et de pilules (ou autres contraceptifs) pour toute la durée du voyage. Prévoyez des réserves : c'est déjà assez difficile de demander son chemin quand on ne connaît pas la langue ; alors, imaginez ce que c'est quand on a besoin d'urgence d'un diaphragme !

• Oubliez les méthodes du calendrier, du *coïtus interruptus* ou de la glaire cervicale. Leur efficacité est déjà douteuse en temps normal, alors imaginez ce que c'est en vacances. Le décalage horaire, les longs voyages en avion perturbent le cycle menstruel, et il est difficile de déterminer la période de fertilité. La chaleur, les heures passées à languir dans un bain thermal, le rush d'avant les vacances sont autant d'éléments qui peuvent affecter les sécrétions vaginales. Recourez aux préservatifs et aux spermicides : ils vous protégeront contre les grossesses, le sida et les MST. Bannissez la méthode du retrait avec vos amours de vacances. Si votre amant régulier n'est déjà pas fiable à 100 %, alors que dire d'une conquête d'un soir ?

• Ici, on est mardi et là-bas, jeudi. Alors, quand prendre la pilule ? Laissez votre montre à votre heure locale pendant le vol et continuez à prendre vos comprimés à l'heure habituelle. Arrivée à destination, avalez-en un le matin ou le soir (comme à l'ordinaire) même si c'est plus tôt que d'habitude. Puis prenez une pilule par jour jusqu'à votre départ. Ne changez pas d'heure pendant le vol de retour et prenez votre pilule comme les jours précédents.

• De retour chez vous, répétez le processus : avalez un comprimé le matin ou le soir et reprenez le même rythme qu'avant. N'oubliez pas que l'efficacité de la pilule est amoindrie par les microbes susceptibles de provoquer des vomissements et des diarrhées. Si vous vomissez moins d'une heure après son absorption, elle n'a pas eu le temps d'agir. Pour plus de précautions, recourez à des préservatifs ou à un diaphragme.

• Si vous utilisez un diaphragme, prenez-en deux dans deux bagages séparés au cas où vous en perdriez un. L'avion, les baignades en mer et la plongée sous-marine sont compatibles avec le port du diaphragme. Souvenez-vous seulement qu'il faut le garder au moins six heures après un rapport. Ne vous emmêlez pas les pinceaux avec les décalages horaires. Si vous souffrez de graves problèmes gastriques ou d'une autre maladie capable de vous faire perdre cinq kilos d'un coup, votre diaphragme habituel ne convient plus à votre nouvelle morphologie et risque d'être inefficace. Et vous verrez dans peu de temps gonfler votre joli ventre plat !

• Ne prenez aucun risque ! Ce qui peut passer pour un flirt léger chez vous peut, sous d'autres cieux, être interprété comme une invitation à vous suivre dans votre chambre. Interrogez votre agence de voyage sur les us et coutumes du pays où vous vous rendez. Et ne vous imaginez pas que tous les types que vous inviterez à boire un café se comporteront comme des gentlemen, quelle que soit leur nationalité.

Cher journal. Aujourd'hui, j'ai fait l'amour et c'était...

Stéphane

Stéphane, vingt-huit ans, agent de change, est marié depuis deux ans. Il dit qu'il aime sa femme chaque jour davantage.

Première semaine

Je suis rentré à la maison après quatorze heures de travail et ai trouvé Jessica complètement paniquée. Elle courait partout en sous-vêtements parce qu'elle était en retard à un rendez-vous avec une copine. Je lui ai proposé un petit coup vite fait car j'adore la voir ainsi, mais pas question. Ça ne l'a même pas fait rire. J'ai sorti un film porno (elle a horreur de ça) et je me suis masturbé. Quand elle est rentrée, un peu éméchée, elle est venue s'asseoir sur mes genoux et m'a embrassé goulûment. Ironie du sort, c'est moi qui n'avais plus envie. J'étais trop fatigué.

Le lendemain matin je me suis réveillé avec un magnifique piquet de tente, comme on dit entre copains. J'ai réveillé Jessica en lui caressant et en lui léchant le dos mais elle avait la gueule de bois et aucune envie de faire des galipettes. J'ai tout fait pour ne pas avoir l'air trop déçu, mais elle était parfaitement consciente de mon état et je lui en ai voulu. Ça a fini par une grosse dispute qui nous a gâché le week-end.

Deuxième semaine

La guerre des trois jours est terminée. Jessica a finalement accepté de faire l'amour. Elle était dans d'excellentes dispositions et j'ai dû penser très fort au foot pour ne pas jouir instantanément. Pourtant, j'avais l'impression qu'elle était ailleurs. Après, on a regardé la télé et elle s'est endormie devant. Elle devait être fatiguée.

La meilleure amie de Jessica a le plus beau corps que j'aie jamais vu. Elle le sait et porte toujours des jupes extra-courtes. Pendant le déjeuner, elle s'est penchée en avant. Elle a des jambes extraordinaires, lisses et fermes. Jessica m'a surpris en train de les regarder. Elle s'est penchée vers moi et m'a touché le sexe pour voir si j'avais une érection. Ce qui était le cas. Elle ne s'est pas démontée et a expliqué tout haut ce qui se passait. J'ai ri avec les autres, mais j'étais vraiment vexé. Du coup, re-dispute à la maison et de nouveau, abstinence.

Troisième semaine

Je connais par cœur le rythme sexuel de Jessica. Je pourrais cocher les jours où elle a envie de faire l'amour et les jours sans. La semaine avant ses règles, elle devient complètement nympho et s'applique à fond, les yeux fermés, comme si c'était la toute dernière fois. Elle aime aussi avoir des rapports pendant ses règles et je lui fais croire que moi aussi. En fait, je déteste ça, mais Jessica est si féministe que si jamais je lui avouais ma répugnance, j'en entendrais parler pendant longtemps !

Mon patron a une nouvelle secrétaire. Elle m'a dragué, aujourd'hui, et m'a proposé d'aller déjeuner avec elle. J'ai accepté en lui disant que j'appréciais la compagnie des femmes, mais que j'étais marié et que j'aimais mon épouse. Elle a complètement changé d'attitude. Sous prétexte que j'étais hors circuit, elle n'avait plus envie de me connaître. Quelle imbécile ! Ça m'a vraiment énervé.

Quatrième semaine

J'avais une envie folle de faire l'amour et Jessica aussi. Un événement ! Elle a mis ces sublimes dessous blancs, virginaux, que j'adore. Elle m'a fait un massage pour me détendre. Ça m'a fait tellement de bien que j'en ai presque perdu le désir et été à deux doigts de m'endormir. Mais elle a passé la langue sur mon sexe qui a aussitôt réagi, quoique moins vite que mon cerveau. Je suis donc descendu vers son sexe à elle. J'adore lui faire des cunnis. J'adore son odeur. Si je pouvais la mettre en bouteille, je le ferais. Parfois, quand elle est vraiment excitée et jouit bruyamment, j'ai un orgasme presque instantané, sans stimulation sexuelle. C'était si bon que je me suis senti très vulnérable après. J'ai enfoui mon nez dans ses cheveux en priant pour qu'elle ne me quitte jamais.

Ma vie sexuelle est... pleine de hauts et de bas, mais satisfaisante. Elle est à l'image de notre relation. On se dispute beaucoup, ce qui nous éloigne du sexe trop souvent à mon goût, mais ce n'est pas grave. J'aime le tempérament de Jessica, son côté passionné. Il n'y a qu'elle qui m'intéresse. Elle m'excite autant que lorsque je l'ai rencontrée pour la première fois et je ne vois pas pourquoi ça changerait. En matière de sexe, on est libérés et elle n'a aucune honte à me faire part de ses désirs. Je crois que j'ai de la chance !

7

P.-S. : gare aux MST

Comme la plupart des maladies, les MST (maladies sexuellement transmissibles) ne font pas de quartier et ne se remarquent pas au premier coup d'œil. Évitez soigneusement les gens « pas nets », aux mœurs légères et un brin déjantés. Mais si vous pensez ne courir aucun risque avec les gentils(les), propret(te)s et saint(e)s-nitouches, vous vous mettez le doigt dans l'oeil jusqu'à l'omoplate. *Idem* pour ceux qui s'imaginent être à l'abri sous prétexte qu'ils ont pris la peine de questionner en long et en large leur partenaire. Voyons les choses en face : il y a peu de chances qu'il (elle) ôte les mains de votre sexe et vous dise, les yeux dans les yeux : « Eh bien, puisque tu en parles, j'ai eu des méga-cloques sur le sexe, hier, et maintenant, ça devient purulent ». D'ailleurs, il se peut qu'il (elle) n'ait rien remarqué du tout, car certaines MST ont la charmante particularité de ne présenter aucun symptôme.

Le sexe peut être à l'origine des moments les plus délicieux, mais aussi les plus horribles de la vie. Tomber enceinte d'un serveur grec, même s'il a satisfait tous vos appétits, ou découvrir que votre ex vous a laissé en souvenir autre chose qu'un tee-shirt sont les conséquences désastreuses, et bien réelles, d'une trop grande insouciance. Que ça vous plaise ou non, le sexe peut être dangereux. Protégez votre santé psychique avec un peu de bon sens, et votre santé physique avec des préservatifs (sans omettre d'utiliser un bon moyen contraceptif pour ne pas tomber enceinte). Quitte à paraître rébarbative, je vous rappelle qu'en plus d'éviter les pépins, les préservatifs peuvent vous sauver la vie.

Comment se servir d'un préservatif ?

1. Faites attention quand vous le sortez de l'emballage. Allez-y délicatement (et surtout pas avec les dents). Attention aux bagues et aux ongles longs. Le latex est un matériau résistant, mais il ne faut pas abuser !

2. Attendez que votre amant soit en pleine érection. Enfilez le préservatif avant que son sexe n'entre en contact avec votre vagin, mais seulement s'il est bien dur.

3. Laissez le préservatif enroulé et pressez la pointe pour évacuer l'air. Maintenez-le contre le gland et...

4. Déroulez-le doucement jusqu'à la base du pénis. Ensuite, lissez-le pour enlever les bulles d'air. Rajoutez un peu de lubrifiant à base d'eau à l'extérieur du

préservatif même s'il est déjà lubrifié.

5. Faites-le en vous amusant, sans complexes !

6. Votre partenaire doit se retirer aussitôt après l'éjaculation, tant que son sexe est encore dur. Tenez, l'un ou l'autre, le préservatif fermement à la base pendant cette opération pour l'empêcher de glisser et éviter les fuites.

! *Le premier préservatif était si épais qu'on pouvait le laver. Dans les années trente, il était unisexe et pouvait aussi bien tenir sur le sexe de l'homme que dans le vagin de la femme, en guise de diaphragme.*

7. Baissez le pénis et faites glisser doucement le préservatif.

8. Je vous rappelle que les préservatifs sont à usage unique. Si vous avez de nouveau envie de faire l'amour, utilisez-en un autre après une petite toilette intime.

9. Fermez le préservatif en faisant un nœud. Enveloppez-le dans du papier et mettez-le à la poubelle. Ne le jetez pas dans les toilettes, ce n'est pas biodégradable. De la même façon, je parie que vous n'appréciez pas de marcher sur un préservatif usagé lorsque vous vous promenez sur une plage.

10. Pour impressionner la galerie (votre amant, en l'occurrence), mettez-lui le préservatif avec la bouche. Si vous en supportez le goût, déballez-le et placez-le (enroulé) au bout de votre langue, l'ouverture vers l'extérieur. La première fois, trichez en vous servant de vos doigts pour le placer sur le gland, puis déroulez-le à l'aide de votre langue et de votre bouche.

Table des matières

IMPRIMÉ EN ESPAGNE PAR LIBERDÚPLEX

pour le compte des
Nouvelles Éditions Marabout
D.L. nº 79119 - décembre 2006
ISBN : 978-2-501-05275-7
40.8857.1/01